INNER Reiki

A practical guide for healing and meditation

レイキと瞑想

より深くより高いレベルへ…

著者　タンマヤ・ホナヴォグト
翻訳　鈴木　宏子

A gaia original

ガイア・ブックスの本は、"自給自足に生きる地球"
というガイアの視点を重んじ、
読者の皆さまが個人と地球のより良い調和の中で
暮らすお手伝いをします。

Editor	Jo Godfrey Wood
Designer	Phil Gamble
Illustrator	Mark Preston
Photographer	Paul Forrester
Managing editor	Pip Morgan
Production	Lyn Kirby
Direction	Patrick Nugent

あなたは神の秘中の秘。
あなたは神々しい美しさを映す鏡。
宇宙のすべてはあなたの中にある。
あなたからたずねよ、
あなたが見ているものは、やはりあなた自身なのだ。

ジャラール・ウッディーン・ルーミー

First published in the United Kingdom in 2001 by
Gaia Books Ltd, 66 Charlotte Street, London
W1T 4QE
and 20 High Street, Stroud, Glos GL5 1AZ

本書について

レイキはヒーラー（施術者）からヒーリー（施術の受け手）にヒーリング・エネルギーを伝えるシンプルな方法です。レイキ（霊気）は宇宙の生命エネルギーという意味で、アチューンメントという特別なイニシエーション儀式によってヒーリング能力を修得します。アチューンメントを受けるとヒーラーの中にエネルギー回路が開き、そのエネルギーはヒーリーが一番必要とする部分に流れます。これが肉体・精神・感情・霊的なレベルで起こるのです。

アチューンメントは、ファースト、セカンド、サードの各ディグリーで正規のレイキ・マスターによって行われます。セカンドとサード・ディグリーではレイキ独特のシンボルとマントラも密かに授けられますが、これこそがレイキのパワーがバイブレーション・レベルに作用するのを可能にするものなのです。シンボルとマントラは公開厳禁なので本書では紹介しませんが、シンボルの使いかたを支える理論は詳細に説明してありますし、各シンボルをどのようなケースに当てはめればよいかについても触れます。

本書は、すでにレイキについてある程度の知識を持ち、様々な瞑想を組み合わせてレイキをより深く体験したいというかたを対象にしています。きっとレイキがさらに身近になり、パワフルなヒーリング法としての威力を遺憾なく発揮してくれるでしょう。

注意

この本で紹介するエクササイズ、ハンド・ポジション、瞑想、テクニックは命あるものすべてを癒し、その調和をはかることを目的としたものです。ただし、病気の際は必ず医師か正規の医療従事者にご相談下さい。その際にレイキ療法を補助的にご利用いただくのはもちろん差し支えありませんが、著者および発行元は、本書のレイキ療法の適用について一切責任を負いかねますのでご了承下さい。

目次

第3章
直観と意識：
心の共振 54

第4章
ヒーリングと魂の成長：
高次元との結びつき 110

補遺 128

著者紹介

タンマヤ・ホナヴォグトはレイキのマスター・ティーチャー兼ヒーラーであり、レイキについての講義や著述活動を行うほか、セミナーのリーダーとしても活躍しています。ドイツと英国を根拠地に、日本、オーストラリア、米国、ヨーロッパ各国を回って講演を行い、トレーニングの指導に当たっています。タンマヤは1978年から自己開発に取り組み、目標を達成するために活動の一環として勉学と旅を重ねました。こうして、学校教師という経歴および言葉を教えていた経験から得た教育技術に、自らが学んだことを生かし始めるようになりました。彼女が学び得た対象は広範囲に渡りましたが、中でも大きな存在となったのがレイキで、1982年にレイキ・プラクティショナーとなった後、1993年にはマスターの資格を得ました。タンマヤの活動の基盤には瞑想があり、タンマヤのレイキ・トレーニングには必ず瞑想的な要素が取り入れられ、彼女自身の見識と解釈が反映されています。

タンマヤは1981年に魂の師、和尚に出会います。和尚から得た導きと瞑想テクニックは彼女の生活の礎となりますが、そんな経験の一端を著したのが本書です。

著者は、受講者や読者からの意見や感想をお待ちしています。お問い合わせはSchool of Usui Reikiのホームページ(http://www.school-of-usui-reiki.com)にアクセスするか、またはPO Box 2, Chulmleigh, Devon, EX18 7SS, England, UKまで手紙をお寄せ下さい(郵便の場合は宛先を明記し、切手を貼った返信用封筒を同封のこと)。また年間を通じ、3つのレイキ・ディグリーすべてにおいて初級・上級コースを開催しております。最新の情報をご希望の方は、前記住所までご連絡下さい。

はじめに

瞑想は行ではなく遊戯だ。
瞑想はゴールに到達したり、平安や無上の喜びを得るために行うものではない。それ自身を目的として楽しむものなのだ。何より心得るべきは、その愉快な側面である。なのに私たちはそれをすっかり忘れている。
愉快とは、訪れる刻一刻を楽しむ能力のことだ。

和尚(現代インドの霊覚者)

これはレイキと瞑想を組み合わせた本です。レイキと瞑想は互いの体験を深め合います。瞑想はレイキの効果を高め、レイキは身体と精神、感情をリラックスさせて瞑想に適した状態に導きます。瞑想家として20余年、レイキを実践して18年の経験から、私はこの2つが相乗効果を持ち、内観を深めて心の深層に至る手助けになることを確信しています。

より深いレベルへ

レイキを学ぶには心を開き、ヒーリング・エネルギーが流れるチャネルになりたいと願わねばなりません。また、レイキを学ぶ人の多くが深いレベルで自分自身と結びつき、もっと自らを知りたいと切望しています。レイキと瞑想の師として、この願いをサポートするのが私の一番の目的です。この2つのテクニックはその目的にぴったりなのです。数年ほどレイキを教えてきて、私は“インナーレイキ：レイキと瞑想”という上級レイキ・トレーニングを編み出しました。このコースは週末に行われ、受講者はレイキに瞑想を組み込む方法を学びます。

これは自信を深めるのに役立ちますし、直観を高める効果もあります。

直観との結びつき

直観が働くようになると、自分自身より高いレベル、自我よりも高い次元と結びつきます。直観は論理的なものではありませんし、理性や意識的な思考とも全く異なります。自分の中の高いレベル、超意識から訪れるものなのです。

超意識とは

超意識は万事を理解しており、光に満ちています。これはハイヤー・セルフに相当する部分で、ものごとを明確に見極め、人生の難局を通じて導きを与えます。たとえば、転職や引っ越し、人間関係にピリオドを打つなど、大きな決断を下さねばならないとしましょう。こんなときこそ、直観を信じ、ハイヤー・セルフと結びつく方法を学びたいものです。そうすればインスピレーションや勇気が得られるとともに問題の本質が見え、その変化が必要かどうか、正しい判断をすることができます。レイキと瞑想はどちらも直観やハイヤー・セルフとの結びつきを強化しますし、自分の洞察力や不意の衝動に自信を持たせてくれます。レイキを施術していると、相手の身体のどこに手を当てたらよいかは直観が教えてくれます。“今、どこに手を当てたらよいだろうか？”と自らに問いかけ、心に浮かんだ最初の答えに従うのです。

内なる中心《センター》とコンタクトする

週末トレーニングでは、瞑想テクニックを何種類か使って受講者が自分の内なる中心《センター》とコンタクトを取れるように導きます。レイキは施術する前に内観して、内なる中心《センター》とコンタクトすることが重要です。内なる中心《センター》はへそのすぐ下にある仙骨（第2）チャクラと結びついていますが、ここはリラクゼーションを見出し、内的な拠り所となり、自らを養うエリアです。瞑想を通じて心からリラックスできればヒーリング・プロセスも促進されますし、リラックスすることでまた一層深い瞑想を得ることができます。

瞑想法

瞑想法には、タイプの違うアクティブ(活動的)なものとパッシブ(受動的)なものがあります。アクティブな方法には、身体を動かす過程と、フィジカル体およびエモーショナル体の緊張を解く浄化過程が含まれるのが普通です。たとえば“ダイナミック瞑想(参照→P.64～67)”もその1つで、インドの霊覚者、和尚が編み出したものです。この瞑想テクニックを行うと、感情を表現し、うまく処理できるようになります。回数を重ねれば、自分に対する理解を深め、穏やかで静寂に満ちた心が得られます。和尚は現代人に合わせた瞑想法を考え出しました。本書で紹介する瞑想テクニックも、その多くが和尚によるものです。

こういう施術や体験を糧に、私は本書を書くことになりました。

あなたに愛と光があらんことを。そして自己探索の旅が発展しますように。高次元との結びつきと、自分の本当の姿――覚醒した、聖なる光の存在であること――を忘れないで下さい。

タンマヤ・ホナヴォグト

第1章

レイキと瞑想を組み合わせると、自分自身とレイキの深層を見出すのに役立ちます。
レイキは瞑想に適した状態を作り出し、
瞑想はレイキをより深く体験させてくれます。

レイキと瞑想は 相性抜群のパートナー

レイキは穏やかなのに効果の高い、直接手をあててヒーリングを行うテクニックです。テクニックの基礎となるのが、ある特別なエネルギー・アチューンメント（同調）過程（参照→P.118）です。アチューンメントでは、古代のマントラとシンボルを使って生命エネルギーを増幅し、内的なヒーリングチャネルを開きます。これはつまり、持って生まれた癒しを与える能力を使い、より多くの生命エネルギーを上部のエネルギー・センター（チャクラ）に流すということです。このとき、エネルギーは手から放射されます。この手をあてれば、エネルギーは手を置いた場所に吸収されます。レイキは身体や精神、心を活性化し、痛みやストレスを解消するほか、様々な不調の解決に役立ちます。どんなときもナチュラルなヒーリング・プロセスをサポートしてくれるのです。

瞑想の効用

瞑想は内観を深めるのにぴったりの、きちんとした体系を持つ方法です。本書ではレイキに瞑想を組み合わせました。こうするとレイキを施す側と受ける側の心が創造的な形で伸展し、エネルギー体のヒーリングに役立つのです。古いエネルギー・パターンが解消され、エネルギー・センターのバランスが取れ、エネルギー体が養われ、エネルギーの流れが回復します。

アクティブ瞑想の重要性

身体を動かすアクティブ瞑想は、現代のライフスタイルにとって特に重要です。身体を使ってエネルギーを放出することで緊張を解き、情緒や精神の重荷を下ろすカタルシスが私たちには必要なのです。あなたがすでにレイキのヒーラーなら、本書で紹介するアクティブ瞑想法がヒーリングパワーを高める絶好の方法であることがお分かりになるでしょう。

瞑想はエネルギーの流れを増大させます。すると、エネルギーはエーテル体（7つのエネルギー体の1つ）とそのエネルギー・センター（チャクラ）に作用しながら上昇し始めます。この結果、静謐が得られます。一方、下降するエネルギーは緊張を引き起こします。

レイキのエネルギーは、ヒーリングとリラクゼーションに必要なスペースを体内に開きます。レイキを受けた後、多くの人が充足感を覚えるとともに自分自身とリンクしたと感じ、“まるで瞑想をした後のようです”と感想を述べます。自らの中にくつろぎを見出し、自身の内なる中心《センター》に落ち着いたのでしょう。

ヒーリング

レイキはあなたや周りの人にヒーリングをもたらす方法としてもまさに最適です。日本では、本ページの背景に入れた“治療”という言葉がヒーリングに対応します。

瞑想の効果

何もせずに瞑想しながら腰掛けていると、「何かになりたい」という思いも欲望も覚えなくなります。ただあるがままの自分がいるだけです。自分の内なる中心《センター》で起こること、変わらず残ることを黙って見守ります。さて、レイキと瞑想は相性抜群です。瞑想テクニックを練習するとレイキを強めるのに役立ちますし、レイキはすべてのレベル（肉体・感情・精神・霊）にバランスと調和をもたらします。

自己リラクゼーション・エクササイズ

瞑想をするには、まず完全にリラックスする必要があります。これはフィジカル体のどこに緊張が留まっているかを知り、身体と同時に心もほぐす効果のあるエクササイズです。心配事などなく元気にあふれていた子供時代に帰った気分になるでしょう。

数日間、就寝前、または気が向いたときに行ってください。頭にレイキを送りながら、心の中で身体のほかの部分に意識を集中します。心がなごむような音楽を流してもいいでしょう。

ステップ1

椅子に座るか、横になります。鼻から数回深く息を吸い、口から吐き出します。息を吐くたびに小さく溜息をつきます。全身がリラックスし、緊張がゆるんでいくのを感じて下さい。

ステップ2

手のひらを頬骨にあてて、両手で目を覆います。3分ほどしたら目を覆ったまま足に意識を集中させます。まぶたを閉じて、足からエネルギーが上ってくるのを待ちます。内なる目で足に緊張があるかどうかを見てみましょう。緊張していたら、そこをリラックスさせて下さい。リラックスしたと感じてから次のポイントに移るようにします。

ステップ3

脚に注意を向け、緊張している場所を探します。緊張している部分があれば、意識的にリラックスさせます。こうして鼠径（そけい）部、腹部、みぞおち、お尻、腰、内臓、肺、肩、腕と、全身にゆっくりと意識を向けていきます。手は思考と結びついているので、念入りに確認しましょう。たとえば左手が緊張していれば右脳が緊張しています。逆に右手が緊張していれば、左脳が緊張しているという具合です。

次は顔と頭皮、首をリラックスさせます。心の中にも緊張感がないかどうかを確かめましょう。見守るだけで緊張や思いは消えていきます。全身から力が抜ければ、心もリラックスしています。

人間のエネルギー場

生命あるものはすべてエネルギーが脈動しています。代替医療のプラクティショナーも物理学者も、身体の生物的プロセスによって発生する電磁場の存在を認めています。フィジカル体を取り巻くこのエネルギー場は、伸ばした両腕の先、そして頭からつま先まで全身に広がっています。そこには情報が含まれていますし、それ自体がきわめて感度の高い知覚システムなのです。私たちはこのシステムを通じて周囲のあらゆるものと絶え間なくコミュニケーションを取り、そして他の人の身体ともメッセージをやりとりしています。

エネルギーの反映

代替医療プラクティショナーやヒーラー、霊能力者は、人間のエネルギー場には人それぞれのエネルギーが封じ込められ、またそのエネルギーが反映されていると考えています。エネルギー場は私たちを包み込むとともに、経験（良否を問わず）による感情的エネルギーを保持しています。エネルギー・システムに蓄えられるような感情的エネルギーを伴う経験としては、過去や現在の人間関係・深刻でショックの大きいできごと・前世の記憶・信念・しつけを受ける際に身につけた態度などが挙げられます。これらの経験から生ずる感情はフィジカル体に刻印され、細胞組織の形成に影響を与えます。こうしてできた細胞組織からはその感情を反映した性質を持つエネルギーが生じます。

エネルギーが語るもの

エネルギーによる刻印には、情報が含まれています。プラクティショナーやヒーラー、霊能力者はこれを読みとることができます。誰かに認められ、自分の行動や他に先駆けた業績を誉められたときのことを思い出してみましょう。おそらくポジティブなエネルギーが湧き上がり、パワーと自負心がこみ上げるのを感じてよい気分になったのではないでしょうか。

ポジティブなイメージや経験（ネガティブなものも）はそれぞれのエネルギー場に留められ、細胞組織やエネルギー場の中に記録されます。私たちの感情は身体の中で形になって存在し続け、細胞や組織と影響を与え合っているのです。

人間のオーラ

人間のエネルギー場は通常“オーラ”と呼ばれます。これはフィジカル体を包むと同時にその隅々まで浸透しているエネルギー体です。調査の結果から、オーラを何層かに分けた仮想モデルが考えられています。この層は“エネルギー体”と呼ばれ、互いに浸透し合い、包み込み合っています。ボディは外側にいくほど構成する物質も微細になり、波動も高くなります。オーラが見える人によると、これは何層にも重なるエネルギー場のようで、気分や健康状態に合わせて色彩とともに脈動しているそうです。

エネルギー体をケアする

エネルギー体を健康に保つには、きちんとケアする必要があります。そのためには、まずその存在に鋭敏になり、それらからどのような影響を受けているかを意識しなければなりません。霊的に成長すると、自分を包むエネルギーに敏感になります。振動やエネルギーを感じ取るようになりますし、自らのエネルギー体を浄化・純化させられるようになると、それに応じて他の人のエネルギー体とのコミュニケーションにも気づくようになります。自分のエネルギー体を純化し、それらにしかるべき注意を向けて養い育むのが私たち人間の務めです。こうしてエネルギー体同士を発展的に調和させると、エネルギーの流れもスムーズになり、健康とバランスが保たれます。

オーラの色を見る
キルリアン写真を撮ると、エネルギー層の様々な色がはっきりと見えます。

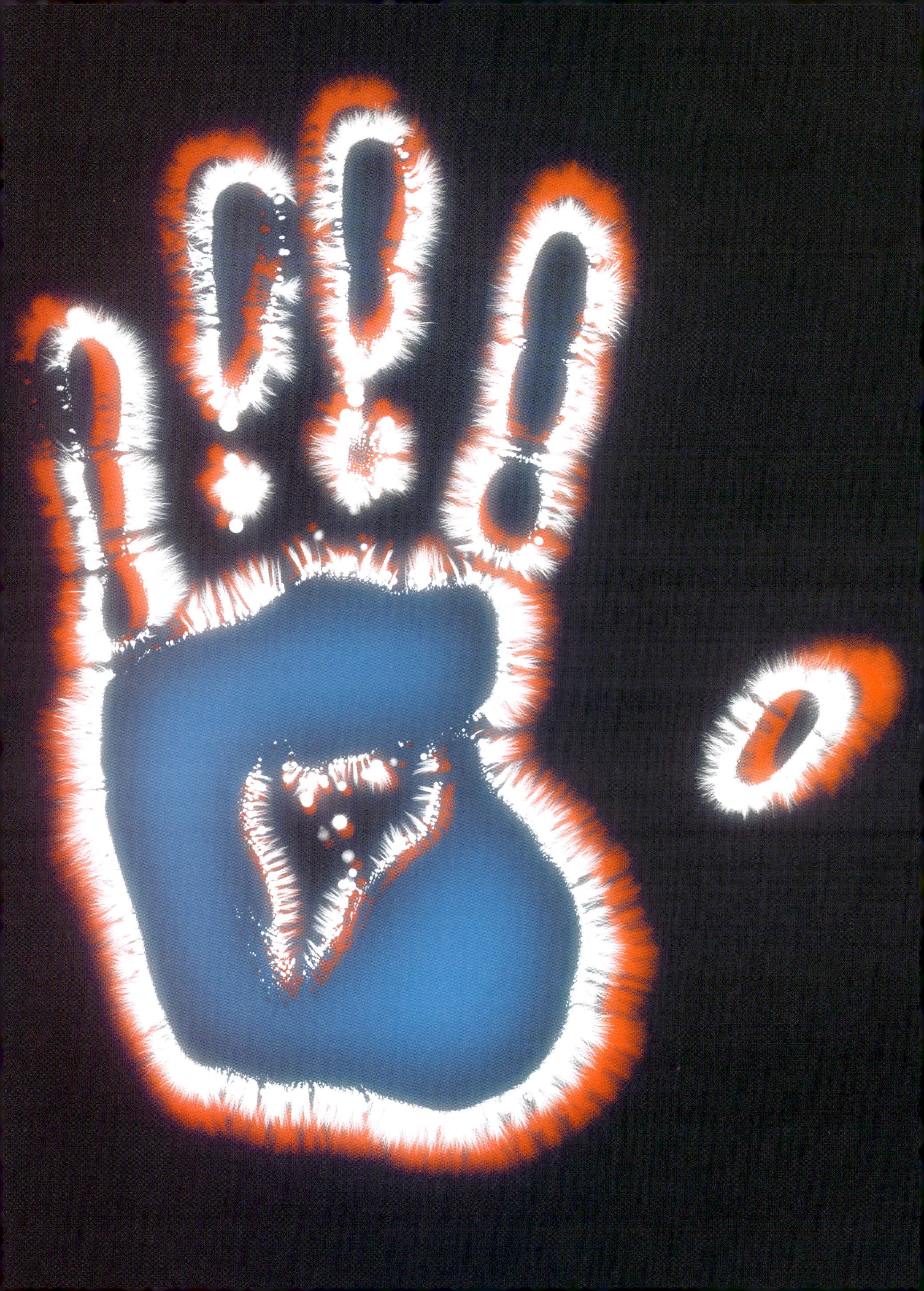

オーラと7つのエネルギー体

エネルギー体はそれぞれ外観も違いますし、1つひとつが独自の役割を持っています。各々の周囲を電磁放射であるオーラが取り囲んでおり、そこから感情や精神の健康状態などの情報が得られます。練習すれば、人間のオーラを"読み"とって、相手がどんな状態(精神または肉体的に)にあるかを知ることもできます。また、各層が特定のチャクラと関連しています。たとえば第1エネルギー体は第1チャクラと、第2エネルギー体は第2チャクラと……という具合です。チャクラはオーラおよびフィジカル体からエネルギーが出入りする開口部です。第5、6、7エネルギー体は霊的世界に関連するエネルギーを代謝しています。一方下層の3つのエネルギー体(第1、2、3エネルギー体)は物質世界と結びついています。

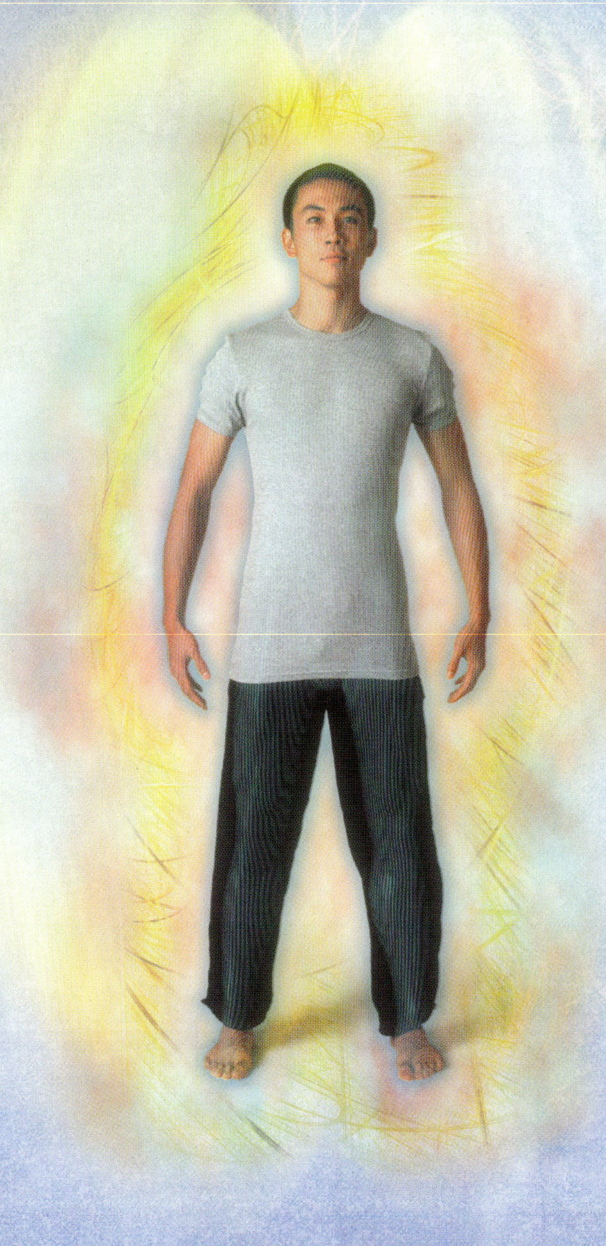

人間のオーラ
人間1人ひとりを包み込むオーラは7つのエネルギー体からなり、互いに融合しながら外側に向けて放射状に広がっています。オーラの様々な色からは肉体・精神・感情的な健康についての重要な情報が読み取れます。

オーラを感じるエクササイズ

これは自分のエネルギー場を感じ取り、自らのオーラ（電磁場）をもっと意識するエクササイズです。両手の指や手のひらの間に微妙な感覚が生じるのが感じられるはずです。

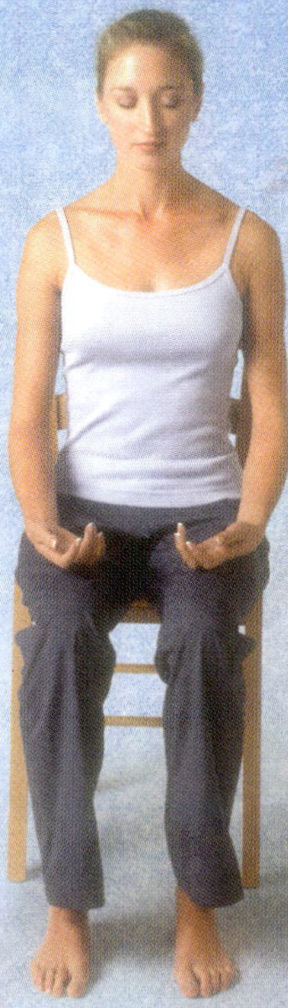

ステップ1

椅子か、床の上に置いたクッションに座ります。しばらく目を閉じて、息を吐くたびに肩から力を抜いていきます（3回息を吐きます）。このとき、思いや身体の緊張も外に出してしまいます。

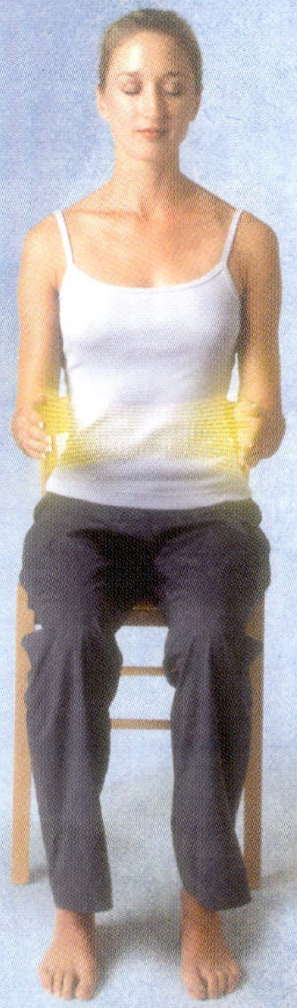

ステップ2

手を前に出します。手のひらは30cmほど離して向かい合わせます。リラックスして腹式呼吸を行います。まぶたは閉じて、内なる目で手のひらの間に高まっていくエネルギーを見守ります（2〜5分ほど行って下さい）。

ステップ3

手のひら同士の間隔を意識しながら、ゆっくり両手を近づけていきます。両手の間のエネルギー場を感じ取って下さい。かすかな抵抗感があるはずです。

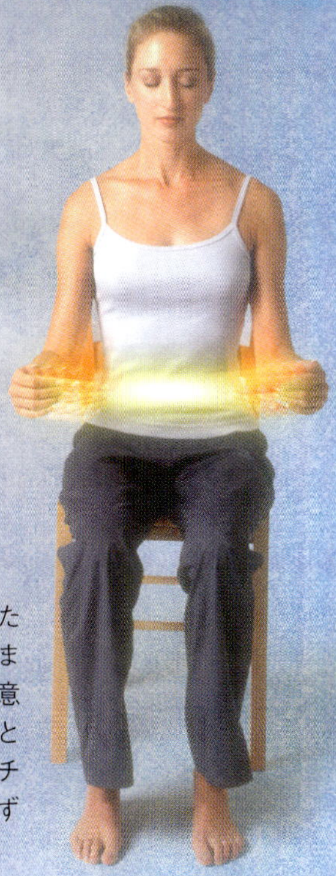

ステップ4

手のひらを近づけたり遠ざけたりして、間隔を様々に変えてみます。どんな感じがするかに注意して下さい。静電気に触れたときのようにピリピリまたはチクチクしたり、圧力を感じるはずです。

第1エネルギー体（エーテル）

第1のエネルギー体はフィジカル体で、エーテル体とも言われます。私たちはフィジカル体を介して物質界に存在し、そのレベルで経験を重ねることができます。フィジカル体は昼夜を分かたず私たちのために働く、極めて巧みにできた複雑なシステムで、たとえば食物を消化するために器官すべてが調和して機能しています。フィジカル体は新しい細胞組織を作って7年ごとに自らを一新し、腎臓と肝臓は体内から毒素を排出するために休みなく務めを果たしています。身体に関する機能、感覚、感じ、肉体的な痛みや喜びは第1エネルギー体において起こります。

構造

エーテル体はフィジカル体の電磁場です。構造はフィジカル体と同じで、解剖学的組織と臓器すべてが含まれます。エーテル体はフィジカル体から1～5cmほど外側に伸びています。

健康体であれば、細かなエネルギーラインが光の網のように走っています。フィジカル体の不調をエーテル層の"影"として感知できる人もいます。この影は絶え間なく変化しますし、フィジカル体が活発か否かによっても状態が違います。影が濃く顕著なほど病気も深刻です。フィジカル体が強いほどエーテル層も強いというように、この2つは互いに依存し合っています。エネルギー体の状態を見れば身体の健康状態が分かるのです。

フィジカル体の強さと弱さ

フィジカル体が健康であれば、それに応じてエーテル層も強くなり、本来の機能を発揮することができます。第1エネルギー体の一番重要な役目は、バクテリアやウィルスなど厄介なエネルギーから身体を守ることです。フィジカル体とエーテル体の両方が弱いと病気にかかりやすくなります。エーテル体が強ければバクテリアやウィルスをすぐに撃退できます。体内に侵入させないか、侵入しても即座に排出してしまうのです。

エーテル層の色彩を"見る"ことができる透視能力者や霊能力者によると、色はライトブルーからグレー、繊細な人はやはりフィジカル体も繊細でエーテル層の色が青みがかっており、頑健な身体の持主のエーテル層はグレーがかっています。

第1エネルギー体には、光（この光はエーテル層と同質のものです）の渦に似た7つのチャクラすべてがあります。チャクラはフィジカル体とほかのエネルギー体すべてを結びつけ、互いに情報をやりとりしています。物質レベルでは内分泌腺と関連しており（"チャート"を参照→P.30）、内分泌腺はエネルギー体からの微細な情報を受け取って物質的な反応を起こします。このように、これは複雑なシステムなのです。

第1と第2チャクラはフィジカル体にエネルギーを送り込みます。したがって、この2つがきちんと機能していないと生きていくことはできません。第1エネルギー体の重要性を知っていれば、大切な友達のように愛と慈しみを込めてエーテル層を守り、取り扱うべきことに気づくでしょうし、実際にそうできるはずです。

第1エネルギー体を強化するには

自己リラクゼーション・エクササイズ
（参照→P.14～15）
ダイナミック瞑想（参照→P.64～67）
クンダリーニ瞑想（参照→P.74～75）
ヴィパッサナ・ウォーキング瞑想（参照→P.96～97）
自分をリラクゼーションに導き、レイキを施す
（参照→P.108～109）

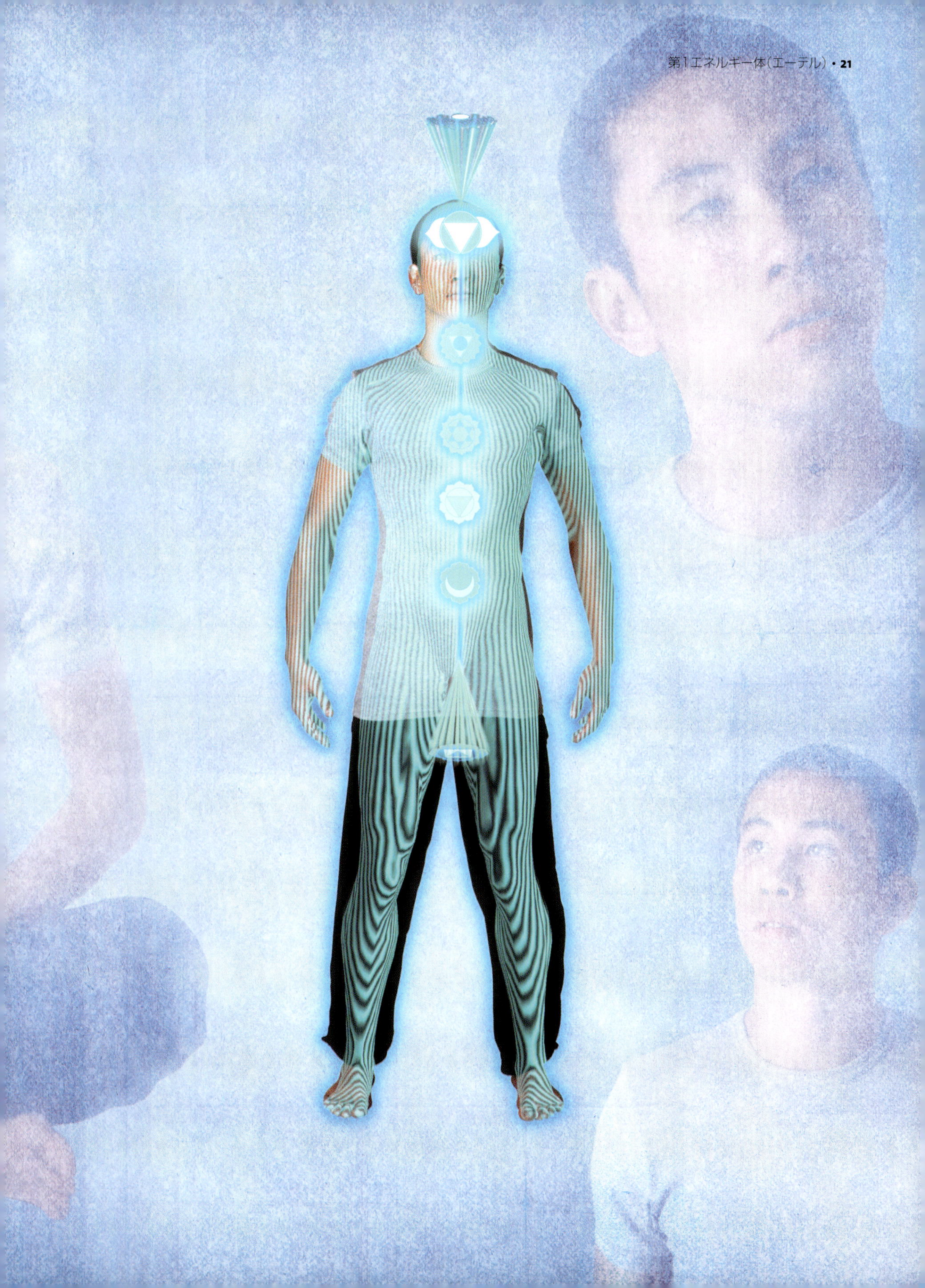

第2エネルギー体（エモーショナル）

エーテル体の外側にはエモーショナル体があります。第2チャクラはこれを介して情緒的（エモーショナル）な側面と結びついています。この第2エネルギー体は感情を記録し、私たちが情緒的な生活を送るための媒介となるため、これがないと情動を失ってしまいます。人格を形成する感情パターンはすべてこの中に納められています。エモーショナル体はフィジカル体の輪郭に沿ってその外側を包み、この層の微細なエネルギー振動には私たちが経験している感情プロセスが反映されています。構造はエーテル層よりも柔軟で、透視能力者には様々な色に染まった雲状の光が流動しているように見えます。この層は身体から2.5～8cmほど広がっています。

関連する色彩

このボディの電磁気的構造は、ボディ自体が純化されている程度によって変化します。透視能力者が“見る”ところによると、その色は透明なものから、暗く濁った色まで様々だそうです。感情はすべてこの第2エネルギー体に反映されます。気分が変わると色も変わるため、透視能力者はエモーショナル層を見れば相手が抱いている感情が分かります。たとえば赤は強力で前進するエネルギーを表し、“怒り”とも解釈できます。一方ソフトな赤は優しさや思いやり、喜びを表します。私たちの感情はめまぐるしく変化することも多いのですが、これは混乱したエネルギーとして第2エネルギー体に反映されます。愛情や興奮、喜び、怒りなど明瞭でエネルギッシュな感情は鮮やかで透明な色を発しますが、混乱する思いは暗く濁った色彩になります。

色には固有のバイブレーションとエネルギーが伴い、たとえば人と人との間に漂う雰囲気などに影響を与えます。感情はそれぞれエモーショナル層に刻印と特定のバイブレーションを残し、このバイブレーションはフィジカル体とオーラから放射されます。キャンドルをともし、香をたきながら花の傍らで瞑想する人々を想像して下さい。彼らは自分のハートとつながり、くつろいだ雰囲気を醸し出しているため、エモーショナル体が広がって緊張が解消されます。この場合のエネルギーはお互いへの敬意と愛情に満ち、第2エネルギー体と健康を養う調和に満ちたバイブレーションを生み出しています。

エモーショナル・パターン（感じかた）をリセットする

ネガティブなエモーショナル・パターンを意識的に解消しようとすると、それに応じてエモーショナル体も純化されて透明になります。ネガティブなエモーショナル・パターンを放っておけば、第2エネルギー体とオーラは不透明さを増していきます。すると怒り・落胆・恐怖・寂しさ・恨みなどを感じるようになるでしょう。不透明なエモーショナル体は人を取り囲む壁にも似ています。エモーショナル層を浄化して透明にするには、まず恐怖感やネガティブな感情に直面しなければなりません。感情のブロックに立ち向かおうと心から思い、強烈な感情に向き合う勇気を持つ必要があるのです。

最近では、エモーショナル・パターンを解消する様々なセラピー法があります。自分自身を深く掘り下げてネガティブなパターンの原因を見極められるようにするのですが、その源は子供時代にさかのぼることが多いようです。原因に気づかず傷が癒されないままだと、第2エネルギー体はその後も同じ状況を繰り返し引き寄せます。過去にエモーショナル・パターンが作られた理由を知り、もうそんなものは不要だと納得できれば、パターンにこだわらなくなります。次第にパターンから遠ざかっていけるでしょう。定着してしまった古いエモーショナル・パターンを解消すれば、第2エネルギー体の浄化も進んでポジティブなエネルギーを発するようになります。

第2エネルギー体を強化するには

ハート・オブ・ピースフルネス（参照→P.46）
ミスティック・ローズ瞑想（参照→P.47）
ダイナミック瞑想（参照→P.64～67）
クンダリーニ瞑想（参照→P.74～75）
自分をリラクゼーションに導き、レイキを施す
（参照→P.108～109）

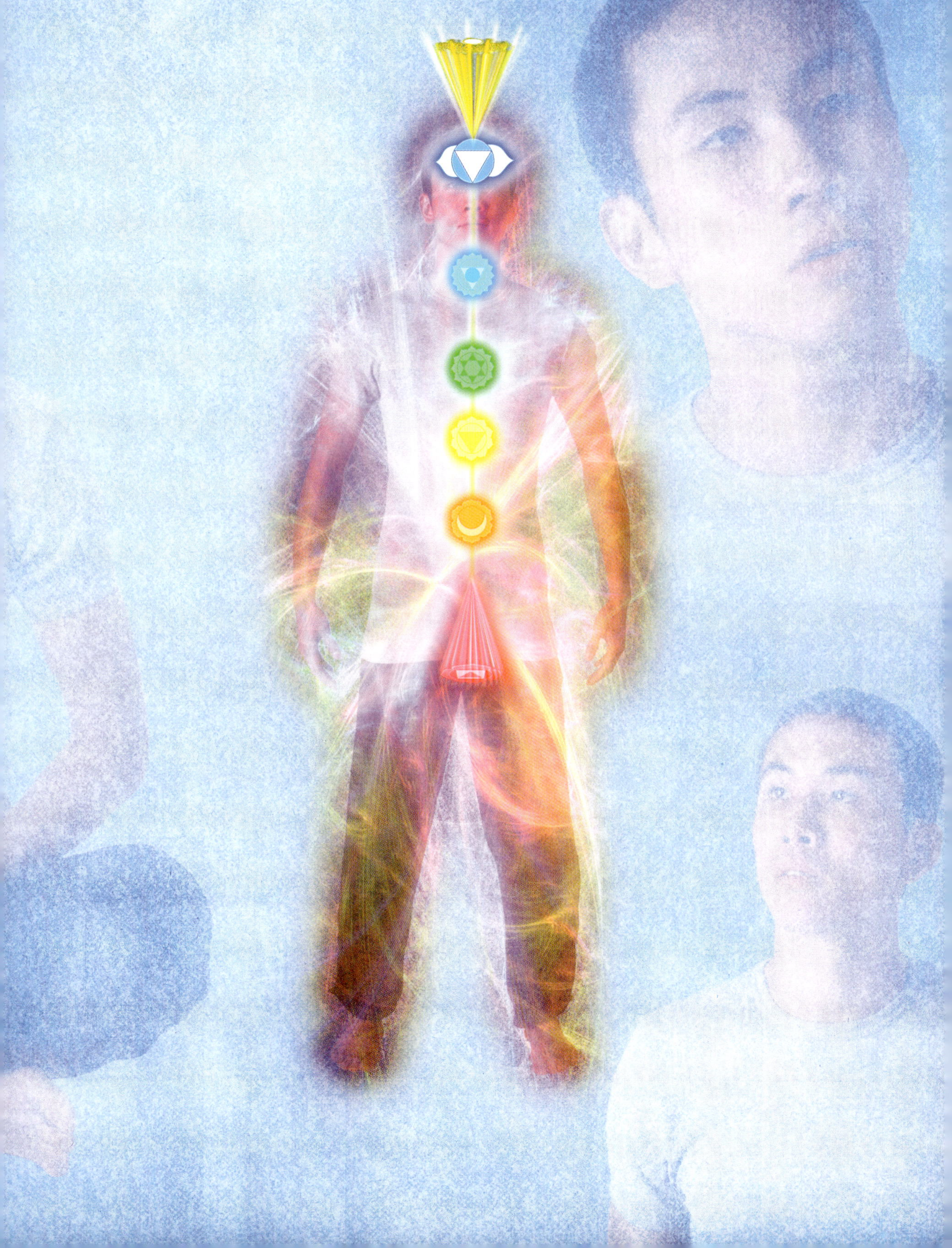

第3エネルギー体（メンタル）

これはエモーショナル体の外側に伸び、思考や心理作用を含む精神生活に関係するエネルギー体です。第3エネルギー体と第3チャクラは直線的思考（物事を原因と結果の積み重ねとしてとらえる考えかた）と結びついています。霊能力者の目には、明るい黄色が頭と肩、全身から放射されているように見えます。精神活動が活発になると広がり、色も鮮やかさを増します。身体から8～20cmほど伸びていますが、意識状態によっては数mまで広がることもあります。

メンタル層には思考プロセスや精神的な創造性が含まれています。その高いバイブレーションからは、絶えず思考や夢想が生み出されています。メンタル層では顕在意識と潜在意識の両方が活動しています。口に出されないような思いや願望、夢想、恐怖心、希望などはメンタル体で進行します。瞑想しない限り、活動が休まることはありません。

思考形態

第3エネルギー体には思考形態（パターン）が保持されています。霊能力者や透視能力者には、形や明るさが種々に異なるしみに見えます。また、これはエモーショナル層から放射された色に染まっています。色は、その時点における思考形態（パターン）に伴う感情を表しています。あることばかり考えていると、その思いが強化されます。たとえば、子供時代に植え込まれた考えかたや信念は心の奥深くに刻み込まれ、人生全体の見解に大きな影響を及ぼします。私たちは成長の途上で、生き残るため、または社会に適合するためのルールや方法を学びます。あるものは役立ちますし、不可欠ですらありますが、中には人間的な成長や魂の成長を妨げるものも存在します。

長い間に私たちは自分自身や他の人、生活全般について、ネガティブかポジティブかを問わず色々な信念を抱くようになります。たとえば“力量不足だ”“できっこない”“自分はくだらない人間だ”などと自分にネガティブな思いや信念を持てば、自ら限界をもうけることになり、能力をフルに生かした人生は送れません。そこで重要なのが、自己破壊的で自らを束縛する考えに気づき、それが何に端を発するのかを見極めることです。子供時代の記憶を掘り下げる作業が必要になるケースもままあります。メンタル層を浄化するには、ネガティブな考えを解消し、自分の思いこみに直面したり隠れた気持ちを露わにする必要があるのです。

絶えず頭の中で何かしら神経質に考えていると、メンタル体に「近道回路」が作られてしまいます。頭では“よい”“悪い”“正しい”“間違っている”という基準に沿って思考しがちで、即座に是非や好き嫌いを判断したりするからです。ネガティブな思いに気づいてその存在を認めると、思いは私たちに対する影響力を失い、“十分力量がある”“きっとできる”“自分は価値のある人間だ”などとポジティブな形に変わり、その思いがメンタル・エネルギー体を純化・浄化します。すると第3ボディに、よりポジティブで純化されたエネルギーのバイブレーションが生まれます。

創造能力

創造能力はメンタル層の一部です。実際的なレベルで暮らしが豊かになる（おいしい食事を作るなど）ほか、どんなときも創造行為は喜びを生み出します。創造性があふれんばかりに湧き出れば、元気を回復させる生命力の源を得たように感じるでしょう。創造性を発揮するのは大切なことですが、これは絵を飾るなど、日常生活でも十分に実行できます。それまでずっとやりたかったこと、作り出したかったものがあるのなら、それを取り上げて形にしてみましょう。すると自ずと生活に張りが生まれ、インナーチャイルドの一部である陽気な性質とつながることができます。

第3エネルギー体を強化するには

ナンセンス瞑想（参照→P.44～45）
布袋の瞑想（参照→P.52～53）
ノー・マインド瞑想（参照→P.93）
レイキによるメンタル・ヒーリング（参照→P.122）

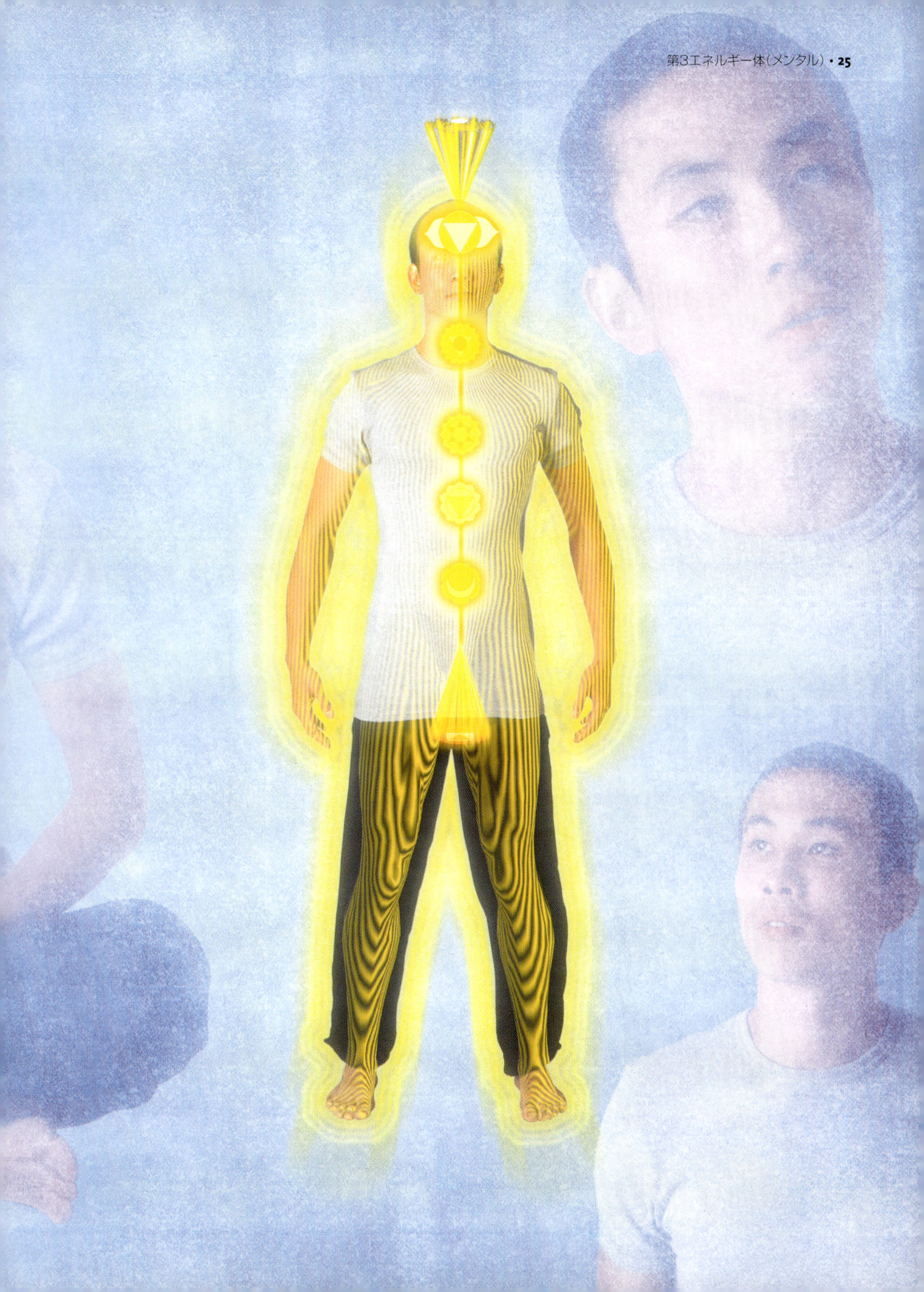

第4エネルギー体（アストラル）

第4エネルギー体は心臓（第4）チャクラと結びついています。これは媒介の役目を果たし、私たちはここを通じて家族や友人、人々を愛します。心臓（第4）チャクラは愛のエネルギーを生み出すエネルギー・センターなのです。

透視能力者によれば、アストラル体は様々な色の断片からできています。普通はエモーショナル体と同じ色をしていますが、ピンク色がかっています。身体から15～30cmほど広がっています。

接続コード

愛情深い人の心臓チャクラは、第4エネルギー体のバラ色の光で満ちています。相手と相互関係が生じると、心臓チャクラから接続“コード”が伸びて、双方を結びつけます。グループの中やパーティ会場にいれば、人と人の間にアストラル・レベルで相互作用が起こります。色彩の断片が人々の間でせわしなく行き交うのです。カップルに発展しそうな2人の間では、相性がいいかどうかエネルギー場を確認するテスト代わりになることも多いようです。この相互作用は心地よく感じられる場合もありますが、不快なケースもあります。

第4エネルギー体を強化するには

- ハート・オブ・ピースフルネス（参照→P.46）
- エモーショナル・ヒーリングとレイキによるバランス調整（参照→P.68～71）
- プレイヤー瞑想（参照→P.79）
- レイキによる遠隔ヒーリング（参照→P.124～125）

第5エネルギー体(スピリチュアル)

第5エネルギー体は聖なる意志(神意)と結びついた高次の意志と関連があります。喉(第5)チャクラは言葉のパワーやスピーチ、リスニングと関連し、私たちの行動を管理しています。スピリチュアル層は人間の中にある神性の輝きを表しており、鋭敏で光に満ちた、ものごとの本質を見られるハイヤー・セルフはここにあります。

ハイヤー・セルフは感情や思考と切り離され、人生の目的、なすべきことや何を学ぶかについての情報を持っています。また、当人の人生のあらましを知っており、学習経験について判断を下します。ハイヤー・セルフとコンタクトするには、まず第1、2、3、4エネルギー体を浄化する必要があります。私たちが怒りを抱えていたり混乱しているとハイヤー・セルフは私たちにコンタクトできませんし、私たちからコンタクトすることもできません。ただし観想して、瞑想方法を身につければ、ハイヤー・セルフにコンタクトしてガイダンスや知恵、明晰性を乞うことも可能です(“レイキによるメンタル・ヒーリング”を参照→P.122)。

スピリチュアル層には、フィジカル・レベルに現れる形態すべてが含まれています。いわば写真のネガのようなもので、スピリチュアル層がエーテル層の計画図となり、そしてまたエーテル層をもとにフィジカル体が作られるというわけなのです。第5エネルギー体は身体から45～60cmほど伸びています。第5レベルでは音から物質が生み出されるので、音によるヒーリング法が最も効果的です。

第5エネルギー体を強化するには

音でチャクラのエネルギーを刺激する
(参照→P.31～33)
ナーダブラーマ瞑想(参照→P.88～89)
マントラ瞑想(参照→P.100)
ガーヤトリー・マントラ(参照→P.116～117)

第6エネルギー体（コズミック）

第6エネルギー体と第6チャクラは天上の聖なる愛と関連しています。これは人間の愛を越えた愛です。あらゆる生命体を神の現身（うつしみ）として包み込みます。コズミック層は身体から60〜85cmほど伸びています。私たちはこのレベルを介して法悦（スピリチュアルな恍惚状態）を経験します。この状態には、瞑想と観想行を行うことで到達することができます。法悦状態になると、自分と他のあらゆる生命の間に境界がないことを悟ります。自分が万物と結びついている事実を知り、森羅万象の中に存在する光明と愛に気づきます。第6レベルまで意識を高めると、神との一体感を覚えるのです。

コズミック層は、透視能力者の目にはキャンドルの炎と、その周囲に放射されるあかりのように映ります。そしてその全体を包む光の中に、数多くの光線が混ざっています。

第6エネルギー体を強化するには

ゴールデン・ライト瞑想（参照→P.92）

フル・ムーン瞑想法（参照→P.102〜103）

第7エネルギー体（ニルヴァーニック）

第7エネルギー体と頭頂（第7）チャクラは高次の意識、知、精神生活の統合などに関連し、身体から75～105cmほどの距離に広がっています。ニルヴァーニック層にまで意識を高めると、聖なる意識と溶け合う意識が生まれ、万物との一体感が得られます。私たちは、あらゆるものが生じ、またそこに還っていく根源から生まれ来ているのです。

外側はオーラが卵形になっており、今生きている現世に関するエネルギー体すべてを包み込んでいます。透視能力者の目には、第7エネルギー体はゴールドシルバーの細かい光の糸からなり、それがオーラ全体をまとめ、チャクラの配列とフィジカル体を内包しているように映ります。そんなふうにして、エネルギー場を守る強力な防護層を構成しているのです。

第7エネルギー体を強化するには

黙して座る瞑想

ヴィパッサナ瞑想（参照→P.94～95）

7つのチャクラ

7つのチャクラは身体の中にある生命エネルギーの特殊なセンターで、私たちの様々な部分に影響をもたらします。そこではエネルギーが渦を巻き、肉体・感情・精神・霊的な健康を司っています。レイキの基本ハンド・ポジションは7つの主要チャクラの位置に対応しているため、レイキによるヒーリングの単セッションにチャクラを調和させる作業を取り入れることもできます(参照→P.36～37)。

エネルギーの開口部

神経生理学的にいうと、チャクラは脊柱から出た神経叢と、各内臓と結びついている内分泌腺に相当します。どのチャクラも身体の前後に向けて開いています。前面は本人の感情に、背面は意志に関連していますが、7つともオーラからエネルギーが出入りする開口部であることに変わりはありません。エネルギーは必ず特定の形を取って現れ、私たちは五感や直観力を通じてそれらを感じ取ります。

チャクラは宇宙エネルギー(気、プラーナ)を吸収して成分に分割し、"経絡"というエネルギー・ラインを通じて神経系や内分泌腺、血液に送り込みます。身体はこうやって必要なエネルギーを得ているのです。

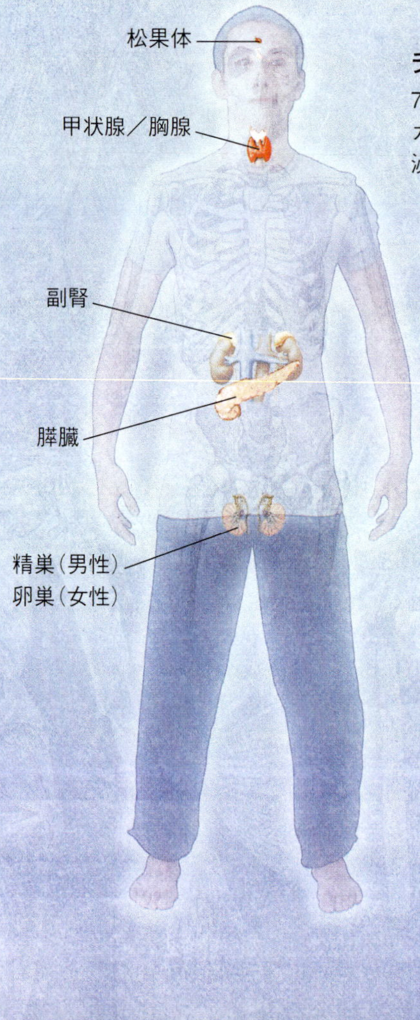

チャクラと内分泌系

7つの主要チャクラは、フィジカル体の内分泌系にある内分泌腺に対応しています。

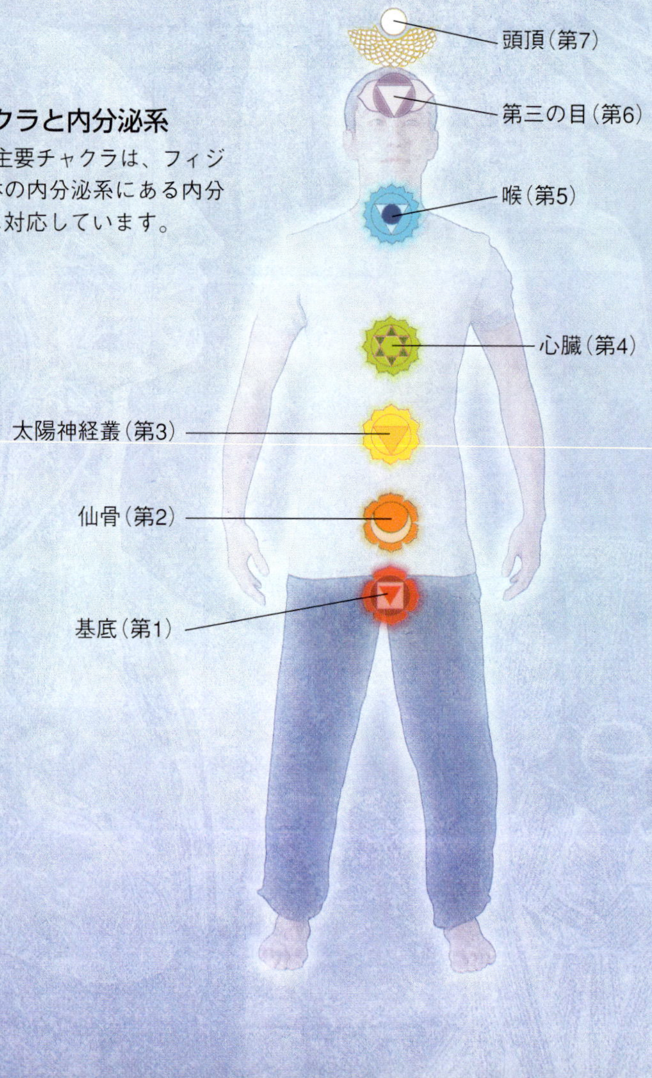

バランスの崩れ

チャクラにはそれぞれ固有のエネルギー・バイブレーションがあります。チャクラのバイブレーションが伝わらなかったり、逆に回転したりすると、チャクラのバランスが崩れます。チャクラからのエネルギーが遮断されている、または回転が逆になっている人は、簡単に操られたり悪影響を受けたりします。マッサージ療法士によれば、相手がこのような機能不全状態にあると身体に緊張やこわばりが感じられるそうです。感情を抑圧したり、恐怖感から行動を押し止めるなどしてエネルギーの自然な流れを妨げると、エーテル層とフィジカル体が影響を受けます。すると身体は、その組織の形状や構造を変えて防護バリアを作り出します。

健康を満喫するには、常にエネルギーが全身を滞りなく巡っている必要があります。エネルギーの流れが遮断されると、結果的に病気を引き起こしかねません。身体はチャクラから生気を送り込まれているので、チャクラを開いてエネルギーの流れを増大させることも重要です。体の不調は、エネルギー流のバランスが崩れたり、流れが滞ったりすることで起こります。すると感情も影響を受け、満ち足りた気持ちで楽しく生活を送れなくなってしまうのです。

音でチャクラのエネルギーを刺激する

これはチャクラの中心を刺激して活性化するエクササイズです。ただし頭頂チャクラには作用しません。日中、もうちょっと活力が欲しいと思ったら気軽に行ってください。1人でも、ペアを組んで行ってもかまいません。2人で行う場合は2〜3mの距離を挟んで向かい合わせに立ち、相手の目を見つめます。エクササイズは3回繰り返します。

ステップ1

足を肩幅に開いて立ち、膝をわずかに曲げます。両腕を上に伸ばしながら深く息を吸います。“イー”と言いながら息を吐き出します。これには第3の目（第6）のチャクラを刺激する効果があります。2人の場合は相手の目を見ながら。

ステップ2

もう1度深く息を吸い、歌うように“エ——ーイ”と言いながらゆっくりと両腕を広げていきます。このとき手のひらは肩の高さで上を向けて。これは喉（第5）チャクラを活性化します。

ステップ3

深く息を吸い、手のひらは上に向けたまま、肘を曲げて両腕を肩の幅にせばめます。腕と膝を曲げ、腰からやや前屈みになったら、“ア——ー”と声を響かせます。これは心臓センター（第4チャクラ）を刺激します。

ステップ4

深く息を吸いつつ腰から身体を前傾させます。膝を曲げながら、赤ちゃんを抱くように腕を身体の前で重ね、“オーーー”と声を響かせます。これは太陽神経叢（第3）チャクラを活性化します。

ステップ5

再度深く息を吸ってしゃがみ、相手とともに合掌します（ナマステのポーズ）。1人でエクササイズを行っている場合は、鼻の上、目頭の間で親指を合わせます。次に“ウーーー”と声を出します。この姿勢は基底（第1）チャクラと性センター（第1、2チャクラ）を刺激します。これを一区切りとして、もう2回通して行います。

チャクラ・チャート

下のチャートは、本書で触れる主要チャクラ7つの位置と、その様々な特徴を記したものです。チャクラは生命エネルギーの中枢《センター》を象徴するとともに、人間の魂が持つ多彩な側面(肉体的・感情的・精神的・霊的側面)をも表しています。

チャクラは輪や渦巻きのようなもので、回転していますが、ブロックされたり逆方向に回転することもあります。レイキの基本ハンド・ポジションは7つの主要チャクラの位置に対応しており、それらを組み合わせてレイキ・セッションを行います。

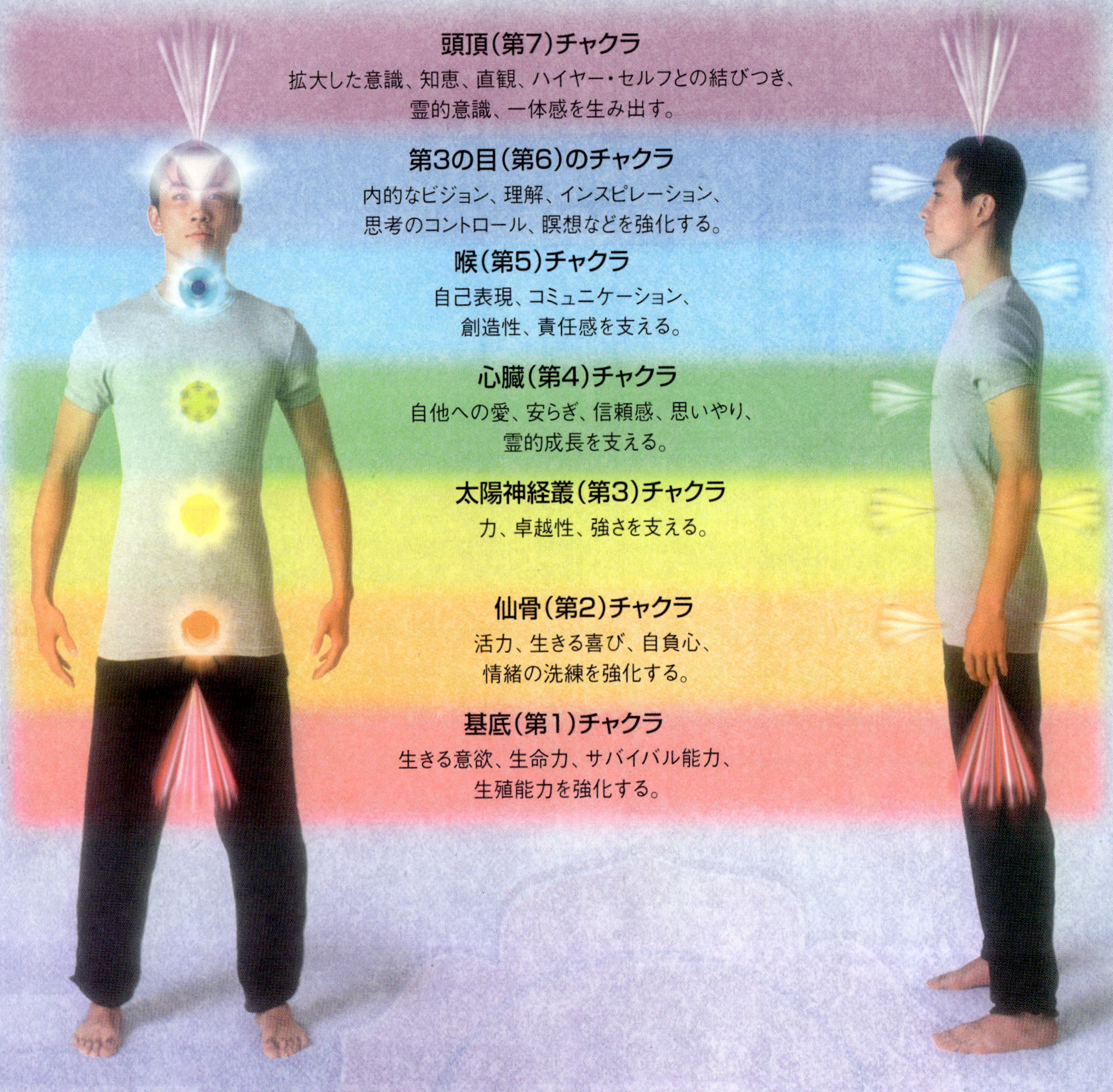
頭頂(第7)チャクラ
拡大した意識、知恵、直観、ハイヤー・セルフとの結びつき、霊的意識、一体感を生み出す。
第3の目(第6)のチャクラ
内的なビジョン、理解、インスピレーション、思考のコントロール、瞑想などを強化する。
喉(第5)チャクラ
自己表現、コミュニケーション、創造性、責任感を支える。
心臓(第4)チャクラ
自他への愛、安らぎ、信頼感、思いやり、霊的成長を支える。
太陽神経叢(第3)チャクラ
力、卓越性、強さを支える。
仙骨(第2)チャクラ
活力、生きる喜び、自負心、情緒の洗練を強化する。
基底(第1)チャクラ
生きる意欲、生命力、サバイバル能力、生殖能力を強化する。

身体各部と関連するテーマ

思考や感情は、身体や細胞組織の構造に影響を与える力を持っています。ポジティブな思いを抱けばしなやかな身体が保てますが、感情を抑圧するとそのエネルギーも押し込められて、体内のエネルギーの流れが滞ります。すると身体の組織がこわばったり堅くなったりします。身体が細胞組織の形で防護バリアを作り出したためです。レイキと瞑想を組み合わせて心をリラックスさせ、内なる自己にリンクすれば、場所に関わりなく細胞組織のこわばりをほぐすことができます。

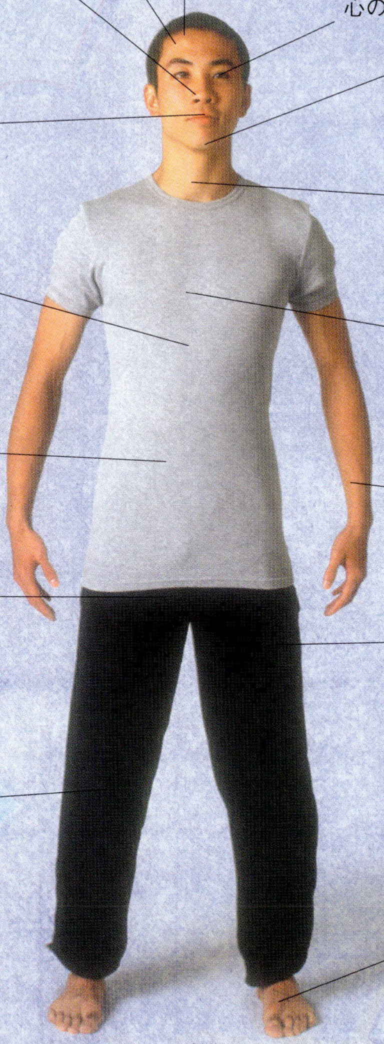
顔
人格の様々な側面の表現、
外界への対処のしかた
額
知性の表現
鼻
心臓、感覚、嗅覚、性的な反応、
自己認識
目
近視は内向性を、
遠視は外向性を意味する、
心の窓
口
サバイバル、身の安全の確保のしかた、
新しいアイディアを取り入れる能力
あご
緊張、コミュニケーションの遮断を
意味する、表現の難易
太陽神経叢
力の表現と感情のコントロールに関する
問題、智慧のセンター
首
思考と感情の融合、言葉を差し控えた
ために起こるこわばり
胸
人間関係の問題、ハートと愛情、
呼吸と循環
腹部
情緒の中枢、心の奥底の感情を含む、
セクシュアリティのセンター、消化系
腕と手
心臓センターの延長、
愛情と感情の表現
生殖器
基底チャクラとの結びつき、
サバイバルに関する問題、
生きることへの恐怖感
腿
精力、自己能力の信頼、
力不足への恐れ
膝
死への恐怖感の表現、変化への恐れ
足
グラウンディング（安定感）の表現、
目標達成との関連、完結に対する恐れ

レイキでチャクラのバランスを取る

レイキによりエネルギー・センター（チャクラ）を活性化してバランスを整えると、めざましい効果が得られます。普通、頭はエネルギー過剰で下半身はエネルギー不足の傾向にあります。頭頂（第7）チャクラはエネルギーを補う必要がないので、バランス調整の過程でも手は触れません。チャクラはそれぞれ人格的な成長を反映しています。チャクラにおけるエネルギーの流れが滞っていると体内器官の平衡失調が起こり、身体の調子を崩したりします。チャクラの配置はチャート（参照→P.30、34）の通りで、対応する器官とチャクラの特徴も説明してあります。レイキの力を借りれば、こういうチャクラのエネルギーの過不足を調整することができます。

チャクラの自己バランス調整法

このレイキ法はチャクラを活性化してバランスを整えるのに役立ち、エネルギーを滞りなく流して健康を保つ効果があります。

ステップ1

片手を額（第6チャクラ）に、もう片手を恥骨（第1チャクラ）に置き、頭と下半身のエネルギーのバランスを整えます。一般に頭はエネルギー過剰、下腹部はエネルギー不足の状態にあるケースが多いのです。このステップによって、性的エネルギーとの結びつきが強まるはずです。手は5分間ほどあてます。

ステップ2

片手を喉（第5チャクラ）に、もう片手をへその下（第2チャクラ）に置きます。これによって感情と活力のバランス、自己表現とコミュニケーションのエリアのバランスが整います。感情や願望との結びつきが強まるのを感じ、それらを建設的な形で表現しやすくなるでしょう。手は5分ほどあてます。

ステップ3

片手を胸の中央(第4チャクラ)に、もう片手を太陽神経叢(第3チャクラ)に置きます。心臓は愛情と思いやりを、太陽神経叢はあなた自身が持つ強さと力を表しています。このセンター間のバランスが取れていれば、愛情と理解をもって正しい決断を下せます。手は5分間ほどあてます。

ステップ4

片手をへその辺り、すなわち仙骨(第2)チャクラに、もう片手を額の第三の目がある部分(第6チャクラ)に置きます。これは深いリラックスを促し、思考や感情を解放できるようにするポジションです。手は5分間ほどあてます。

ステップ5

チャクラすべてのバランスを整えたら、ゆっくりと身体を動かします。手足の指を動かしてほぐし、大きく伸びをしましょう。最後に普通の意識状態に戻ります。

第2章

身体と心は深く影響し合っています。
肉体的な病気は感情的なストレスを生み出し、一方で感情の動揺は
ストレス症状として身体に現れます。不眠症もその一例です。

心身の健康と相関関係

心が身体に及ぼす力は絶大で、ほぼ70%の病気が心に起因しています。身体そのものに原因があるのは30%にすぎません。症状は肉体に現れますが、病因は心にあるのです。

1930年代から、伝統的な医師はストレスと病気の関連に目をとめ、心と情緒が重要な役割を果たしている事実を心得ていました。1930年代、英国の医師であるバッチ博士はフラワー・エッセンスを用いて精神—魂のレベルにおける葛藤を癒す方法を開発しました。直観と感性を頼りに花のヒーリング効果を研究し、花のエネルギーバイブレーションを取り込んでエッセンスに封じ込めることに成功したのです。こうして、それぞれ異なるネガティブな心の状態に効果のある、38種類のレメディが開発されました。適切なエッセンスを飲めば心の状態がポジティブな方向に向かいます。

現在、ホリスティック(全体論的)医学のプラクティショナー(施術者)は、レイキやマッサージ療法、鍼灸などの様々なセラピー法を用いて相手の感情的な健康を回復させます。発病する前に治療できると言われるホリスティック療法もあります。催眠療法やカラー・パンクチャーもその例です。カラー・パンクチャーでは、キルリアン写真というオーラ(参照→P.18)を診断できる写真を撮ります。すると、どこに病気が現れる(通常は6ヶ月後)かが分かるのです。

ストレスの軽減

ストレスに苦しみ、なかなかリラックスできないでいる人が多いのが現状ですが、ありがたいことによく効くストレス軽減テクニックも色々とあります。瞑想、リラクゼーション・エクササイズ、催眠療法、体操もその例です。瞑想を日課にすると効果てきめんで、リラックスを促しますし、繰り返し瞑想するとストレス関連の症状が現れにくくなります。アクティブ瞑想も身体や精神、感情の緊張をやわらげるのに役立ちます。ハイヤー・セルフは様々な問題に対する答えを知っていますが、ハイヤー・セルフから授けられる創造性・知識・ガイダンス・インスピレーションの膨大な源にコンタクトすることもできます。レイキによるメンタル・ヒーリング(参照→P.122)もお勧めです。

愛

ハートは愛する術を知っています。愛があれば、リラクゼーションと心身の健康も得られます。本ページの背景にも"愛"という文字が入っています。

緊張

私たちに影響を及ぼすストレスは種類も様々です。一番多いのは精神的ストレスでしょう。ストレスへの反応は、自分の安全を脅かすものを認識することで起こります。安全を脅かすといっても現実のものもあれば想像上のものもありますが、意識しているかどうかに関わらず、とにかく本人が脅威だと受け取るものがストレスになります。中にはストレスと付き合うのがうまい人もいます。そういう人はストレス関係の症状が身体に出ることが少なく、免疫系もよく機能しており、めったに病気になりません。

ユーストレス

急速に変化する社会の中で、私たちは様々な難局に出会います。学者のハンス・セリエは、能力をフルに生かすには“ユーストレス”という最適なストレスレベルがあると主張しています。健康を保つにはある程度のストレスが必要ですが、このレベルを超えると“ディストレス(有害ストレス)”となって機能不全を引き起こすというのです。確かに多少のストレスは成長のきっかけとなり、未経験の厳しい状況に対処する手段を工夫するよう促してくれます。

また、大抵の人はストレスを処理する防御メカニズムや適応策を身につけるようになります。たとえば暴飲暴食でストレスを解消するタイプもいます。身体に症状が出たり、咳や風邪などの一般的な感染症にかかりやすくなる人もいますが、これは何らかの重荷に耐えかねているというサインなのです。他には、逃避するように心の病を得て、環境によるストレスや心理的ストレスから免れようとする人もいます。

不安

多くのストレスと緊張は、くよくよ気に病むことから生じます。私たちは予想通りに状況が展開しないのではと不安にかられたり、何かあるたびに最悪のシナリオを思い描いてしまったりもします。先のことを心配し、特に事のなりゆきに責任を感じていれば過去を悔います。また自分や他人に望みや期待を抱きます。これは人間の性というものです。私たちは常に自分を変えようとしており、これが生活にプレッシャーや緊張をもたらします。自分の現状に満足しないと、この思いが形を取ります。いわく、容姿をよくしたい、もっといい暮らしがしたい、業績を高く評価されたい、もっと感情を出したい、もっと満足したい、もっと力が欲しい、もっと精神面を掘り下げたい、もっと自由になりたい……などと挙げていったらきりがありません。ですが、何が望みかは問題ではないのです。ある状態になってほしいと願うことなら何でも、自分の現状と、理想像とのあいだに葛藤を生み出します。

恐怖感を認める

自分の恐怖感や、さみしさ・自己卑下・絶望などのネガティブな思いに気づいたら、心の片隅に押しやる前にきちんと認識する必要があります。これは不安や恐れを“骨抜き”にするプロセスです。それから改めて現状に戻り、再スタートを切ればいいのです。

人間の想像力

魚や木などの生きものは、想像力がないのでストレスに苦しみません。人間だけが想像力を持ち、未来を心に浮かべて明日は何をしようかと考えるのです。想像力は建設的に使えば有用ですが、実際とは異なる自己像を思い描けば害をもたらすこともあり得ます。

レイキによる手軽なストレス解消ヒーリング

これは身体・精神・感情に活力を回復させるクイック・ヒーリングです。昼食後やエネルギーが乏しくなった夕方近くに行うと効果抜群です。横になるか、楽な姿勢で腰かけてリラックスします。目隠し、またはアイピローで目をおおいます(眼球に心地よい程度の軽い圧迫を加えるためです)。手は各ポジションとも3〜5分間ほど置き、合計15分間ほど行います。

ステップ1

息を吐きながら、その度に心に浮かぶ思いや身体の緊張を一緒に吐き出します。もう2回繰り返します。

ステップ2

横になっている場合は、後頭部を両手で包みます。座っているなら片手を額に、もう片手をうなじに当てます。これは心と感情を落ち着けて緊張を解き、頭痛を解消するポジションです。

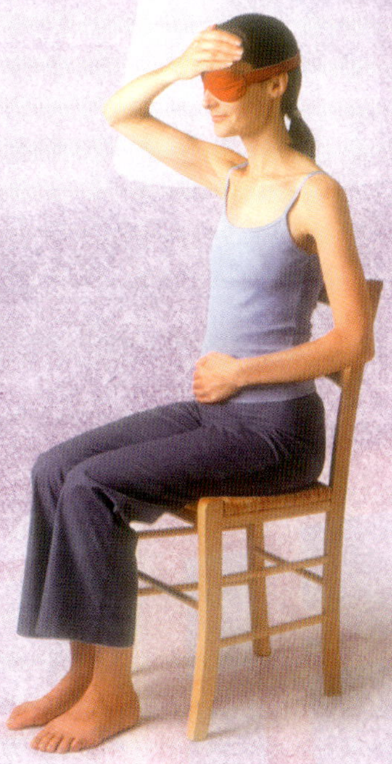

ステップ3

片手をへそに、もう片手を額に当てます。鎮静と精神集中効果があるポジションです。腸と太陽神経叢を癒す効果もあります。

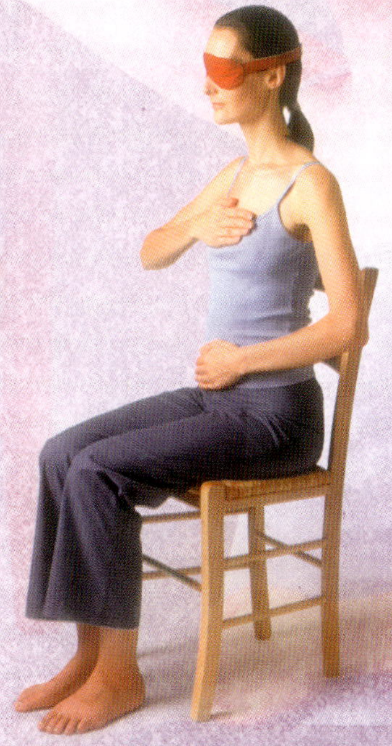

ステップ4

片手をへそに当てたまま、もう片手を胸の中央に移動させます。心臓センター(第4チャクラ)のエネルギーと仙骨(第2)チャクラのエネルギーのバランスを取るポジションです。

リラクゼーション

自分自身に満足し、ありのままの自分を受け入れていないと、緊張は解消しません。結局、生活から緊張を追い出すには、今この瞬間を生きるしかないのです。

過去や未来に生きるのをやめ、現在を生きるようにすれば自ずとリラックスします。エネルギーがどこへ行くこともなく、あなたとともにある状態だからです。今現在がすべてで、期待することも、望みも欲求もない、そういう状態のことです。リラクゼーションとは形を変えたエネルギーです。普通、エネルギーには誘因があり、どこかで果たされるべきゴールに向かって動いています。こういう側面から、すべてが何かを達成するための手段になってしまう目標追求型の行動と合致しやすいのです。すると、ともかくゴールにたどり着かなくてはいけない、そうすれば休めると考えてしまいます。こういうエネルギーは絶えず目標を別のものに変え、人生を振り回しかねません。ゴールはいつも地平線の彼方です。走り続けてもゴールまでの距離はまるで縮まりません。

誘因のないエネルギー

一方、誘因のないエネルギーは違います。ゴールは今この瞬間、ここにあります。この瞬間に在ることがすなわち達成です。先にゴールがないのなら、成し遂げるべきこともありません。たった今を喜ぶこと、それがリラクゼーションです。すると今ここにあるのはエネルギーのオーバーフロー、すなわち無為の行動、自ずと生じた行動です。リラックスしたまま何かをすることができるというわけです。では、どうすればこういう状態にたどりつけるのでしょうか？

リラクゼーション・テクニックと瞑想法は、身体の健康を保つ予防措置をサポートする方法としても最適です。リラクゼーションは複雑な要素からなるので、まずは身体から始めるのがベストです。日常的なことをリラックスして行ってみましょう。あらゆる過程や動作をスローダウンすると、自分の身体にもっと意識を向けることができます。歩く速度を落とせば、それまでにない感覚が身体の中に目覚めます。

折に触れて身体に注意を向け、首や肩、脚が緊張していないかを確かめてみて下さい。緊張している部分があればそこに注意を向け、“リラックスして”とやさしく語りかけましょう。さて、第2ステップは心《マインド》のリラックスです。身体をリラックスさせられれば、すぐに心もリラックスさせられるでしょう。第3のステップはハートのリラックスです。この感情の領域はもっと微妙ですが、もう自信もつき、やればできるという気持ちになっているはず。身体と心をリラックスさせられれば、ハートも自然と倣《なら》うでしょう。

身体に語りかけるエクササイズ

これは自分の身体とコンタクトを取りやすくし、意識的に緊張を解くのを助けるエクササイズです。身体を友人のように感じるようになり、理解も深まるでしょう。
1日1〜2回、5〜10分間行いますが、もっと長くてもかまいません。

ステップ1

横になるか、楽な姿勢で腰を下ろします。目を閉じて下さい。意識を体内に向けます。つま先から頭まで、緊張している部分がないかどうか確かめます。

ステップ2

どこかが緊張していたら、友人を相手にするようにその部分に話しかけます。あなた自身と身体の間で会話を交わします。“やあ、どうかした?”“何か手を貸そうか?”“緊張を解こうか、それとも痛みをなんとかしてあげようか?”などと質問をしてみましょう。そうして答えを待ちます。

ステップ3

役立ってくれること、自分のために“そこにいてくれる”こと、休みなく働いて自分を生かしてくれていることを身体に感謝しましょう。

ステップ4

身体にリラックスするよう語りかけ、何も恐れる必要はないと言い聞かせます。いつでもそばにいてケアをしてあげられるのだと伝えましょう。そのうちエクササイズのコツが飲み込めてきます。そうすれば身体もリラックスするはずです。

ナンセンス瞑想

これは心の中の絶え間ないつぶやきを“ナンセンスな(意味をなさない)”言葉で表現する瞑想です。顕在意識を深くリラックスさせるので、それにともなって体と心もくつろぎます。またの名をジバリッシュ瞑想といいます。“ジバリッシュ”は、意味のない言葉しか口にしなかったスーフィー教の霊覚者ヤバー(Jabbar)に由来します。“心はジバリッシュ以外のなにものでもない。それを退ければ自分そのものの存在を味わえるだろう”、これが彼のメッセージでした。思考は必ず言葉を介してなされるため、意味のない言語を使うことで、思いが言葉の形を取って現れるパターンを遮断できるのです。

とにかく自然にまかせて、でたらめな音を発します。それらしき“言葉”を使ってもいいでしょう。たとえば中国語を知らなければ“中国語”を使いましょう。まず7日間、朝か夜にこの瞑想を行います。1人でも、複数人でもできます。ジバリッシュ瞑想の効果を実感できるでしょう。その後は気が向いたときに行います。

ステージ1(15分間)
ステップ1

腰かけるか、足を肩幅に開き、力を抜いて立ちます。目を閉じて意味のない言葉や音を発します。歌う、叫ぶ、大声を出す、語る、ささやく、口の中でつぶやくなど、自由に。

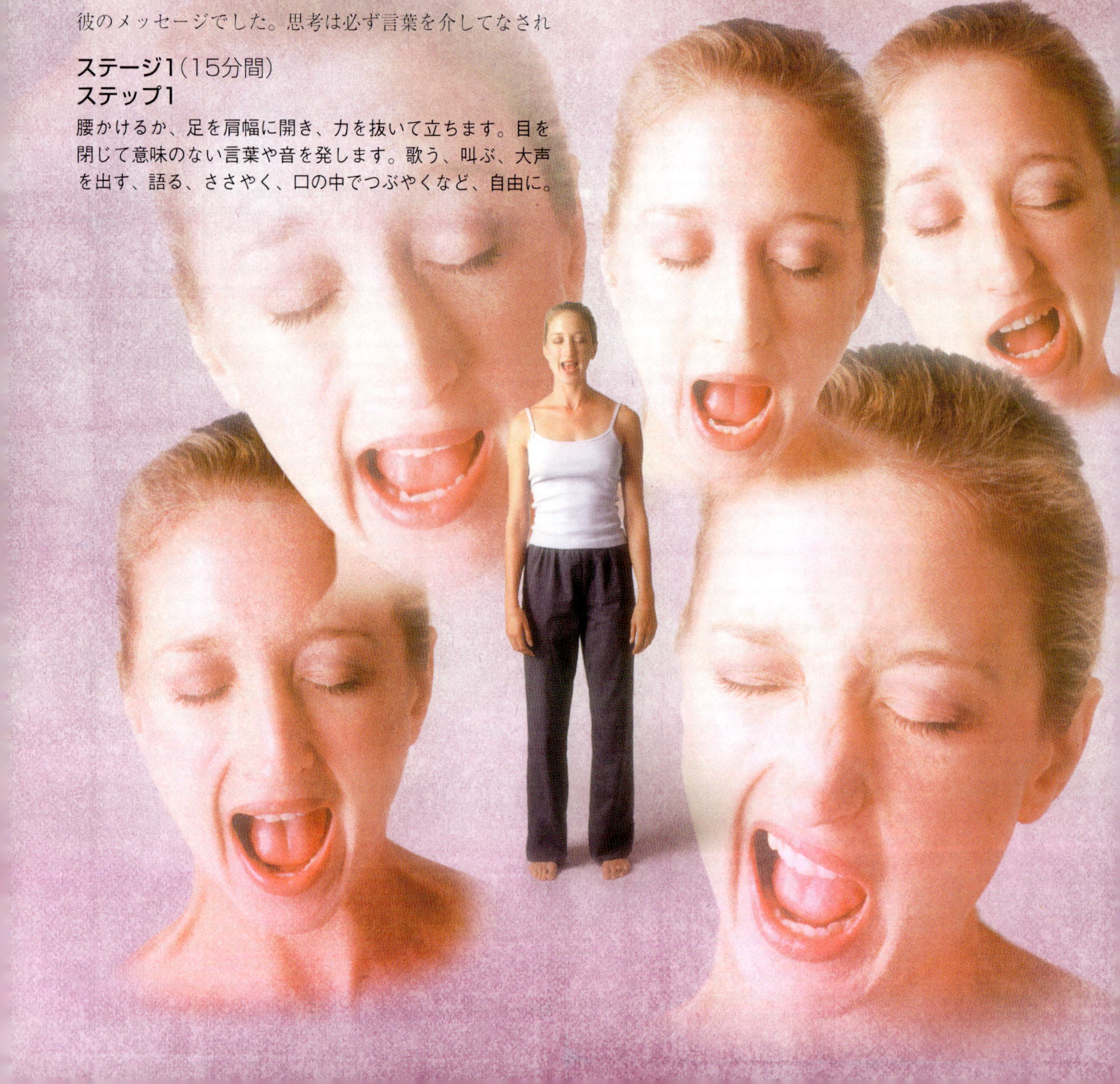

ステップ2

同様に、動くにまかせて、身体にも自由に表現させましょう。ジャンプする、キックする、横たわる、座る、どんなふうに動いてもかまいません。ただし、周りの誰かとコミュニケーションをしたり、話しかけたりしてはいけません。目は開けておいてもいいでしょう。

ステージ2（15分間）

うつ伏せになり、床に身体が沈み込んでいくような感覚を味わいます。

ハート・オブ・ピースフルネス

ハートは自ずと安らぎが湧き出る源です。いつも私たちの中に存在するのですが、瞑想によって、このリラクゼーションの源に立ち戻ることができます。心が平和だと健康増進にも役立ちます。これは、ハートが安らぎで満たされていることに気づかせてくれるエクササイズです。身体、心、ハートをくつろがせて最後まで行えば、あなたという存在の中心にある奥底の核に至ることができるでしょう。そうすればその部分をもリラックスさせられるはずです。すると、喜び・受容・信頼・深い解放感・温順などがもたらされるでしょう。

この瞑想は腰かけたままでも横になった姿勢でも行えます。起きがけにベッドの中で瞑想してもいいですし、就寝前に行ってもいいでしょう。不眠症で困っているなら、夜に瞑想を。熟睡できるはずです。

ステップ1

背筋を伸ばして座るか、横になってリラックスします。目を閉じて自然に呼吸します。
右手を左の脇の下に、左手を右の脇の下に当てます。次に意識をすべて胸に向けます。

ステップ2

そのまま身を任せていると、ハートから安らぎが湧き上がってきます。力を抜いてその感覚に集中して下さい。

ステップ3

胸に意識を集中してリラックスしていると、自然に内なる静謐とコンタクトできます。落ち着いたハートからは調和に満ちたバイブレーションが伝わってきます。これは愛と安らぎとして感じられます。10〜15分間ほどそのままの姿勢を保ち、この感じを楽しんで下さい。

ミスティック・ローズ

これは心身と感情のすべての層を浄化するテクニックです。傷を深く癒し、自分の魂とのコンタクトを可能にしてくれます。普通はグループで行うのがお勧めですが、1人のほうがいいならそれでもかまいません。短いセッションは各30分を要する3つのパートからなりますので、全部で1時間半かかります。最低7日間、最長で21日間行って下さい。長いセッションは1日3時間かかります。これもできればグループで。ステップ1を7日間、次にステップ2を7日間、最後にステップ3をもう7日間行います。ステップ3では、まず45分間安座し、20分間ダンスをします。その後また自分自身を見つめ、45分間座し、もう1度20分間ダンスをします。最後に50分間安座してしめくくります。合計21日間かかります。

ステップ1

このステップでは、笑いを押し止めているものすべてを取り除きます。あなたの中に新たなゆとりが生まれます。

ステップ1はひたすら笑います。とにかく笑ってみましょう。最初は意識的に笑わねばならないかもしれませんが、無理にでも笑っていると、本当に笑顔になります。しばらくすれば自然に笑いがこみあげてくるでしょう。

笑っていると涙までこみ上げてくるかもしれません。できればそのまま30分ほど笑ってからステップ2に進みます。

ステップ2

次は泣きます。ひたすら泣いて、寂しさ、絶望、不安などを引っ張り出して下さい。抑圧されていたたくさんの涙がこみあげてくるでしょう。涙が流れるにまかせ、悲しい思いを解放しましょう。

ステップ3

“丘の上の見張り番”のように座ります。30分間、意識を研ぎ澄ませつつ、力を抜いて座ります。このとき呼吸に注意を向けます。心に何か浮かんでも、何も判断せずに(“ヴィパッサナ瞑想”も参照→P.94〜95)受け流します。

ジョイ・オブ・ライフ（生きる喜び）

歓喜（joy）は心身とハートがひとつになって機能するときに生まれます。ハートの本質でもあり、エネルギーのオーバーフロー、愛、安らぎ、調和から生じます。楽しさや幸福も歓喜の要素ですが、歓喜はもっと深いものです。

現代社会、特に西洋社会では、常にといってよいほど頭で考えて生き、主に左脳を使っています。左脳は合理的な思考プロセスに関する脳です。ハートが発する言葉は忘れられてしまったかのようです。ところが、どうすればリラックスし、楽しみ、喜びを表現できるかを知っているのはハートだけです。リラクゼーションはハートを介して得られるものです。なぜなら、ハートは愛の与えかたを知っていますし、愛には必ずリラクゼーションが伴うからです。私たちの一番本質的で重要な部分、それがハートなのです。この意味では、頭すなわち知力は表面的なものです。大切なのは知力と論理的な精神を使うことで、使われてしまってはいけないのです。

深刻な話し合いに関わり、自分や相手の問題を解決しようとすることも多いでしょう。そんなとき頭だけで考えていると不安が募るだけで、解決には少しも役立ちません。知力に頼っている限り、堂々巡りをするだけです。

ハートを開いてバランスを取る

これはリラックス効果の高いヒーリングで、ハートのエネルギーを開放します。心臓（第4）チャクラを養う効果も抜群です。各ポジションを3〜5分間ほど保ちます。合計15〜25分間ほどかかります。

ステップ1

楽な姿勢で椅子に座るか、床に横になって目を閉じます。腿に軽く手を置きます。深く息を吸ったら小さく溜息をつきながら"アー"と声を出します。肩から力を抜きましょう。

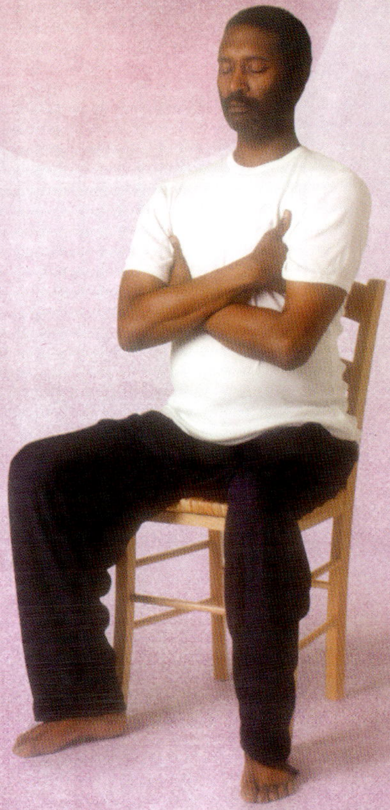

ステップ2

右手を左の脇の下に、左手を右の脇の下に挟みます。両脇に挟まれた胸の中央部分に注意を向け、静謐とリラックス感、安らぎが自然とこみあげてくるのを待ちます。

ステップ3

仰向けに横になり(座ったままでもかまいません)、さらにリラックスします。両手を頬骨の上に置いて目を覆います。こうするとレイキがエンドルフィン(“幸福のホルモン”)の産生に作用します。“ヤーハム”と声を出し、音のバイブレーションをハートに響かせます。3〜5分間ほど行います。

ステップ4

両手を胸か乳房にあて、男性エネルギーと女性エネルギー、および身体の左右のバランスを整えます。

ステップ5

両手を縦に並べてへその上にあてます。レイキが自然と腹部に広がっていくのにまかせましょう。横たわっている場合、腰を痛めている人はクッションなどで足を高くします。

健康増進に役立つレイキ

緊張感、疲労、不安を感じたら、リラックスする時間を取って自分自身とリンクしましょう。レイキは体と心をリラックスさせ、緊張感を効果的に取り除くのに役立ちます。自分自身をいたわり、心の内を軽くするためのレイキです。写真のように椅子に座ったままでもいいですし、横になって行ってもかまいません。各ハンド・ポジションを3～5分間保ちます。最長で合計25分間かかります。

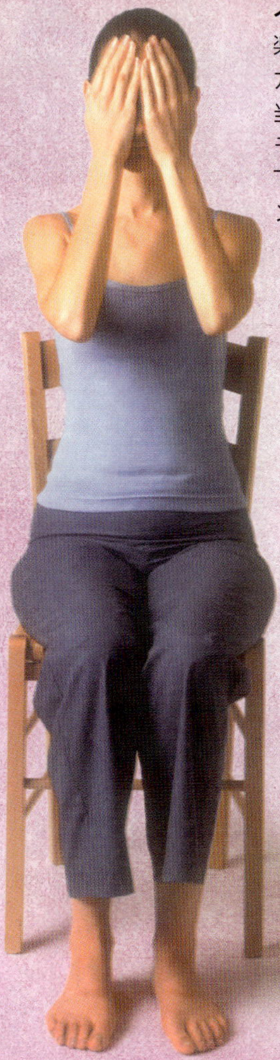

ステップ1

楽な姿勢で椅子に腰かけるか横になります。力を抜いて自然に呼吸し、手のひらを頬骨に当てて両手で目をおおいます。体内のホルモン産生を調節し、感情の健康を左右する下垂体と松果体のバランスを整えるポジションです。

ステップ2

両手で頭の両側、耳から上を包み、こめかみに軽く触れます。左脳と右脳の調和をはかり、顕在意識をリラックスさせて安らぎを与えるポジションです。思考を明晰にし、記憶力を向上させ、生きる喜びを深めて落ち込んだ気持ちを上向きにします。

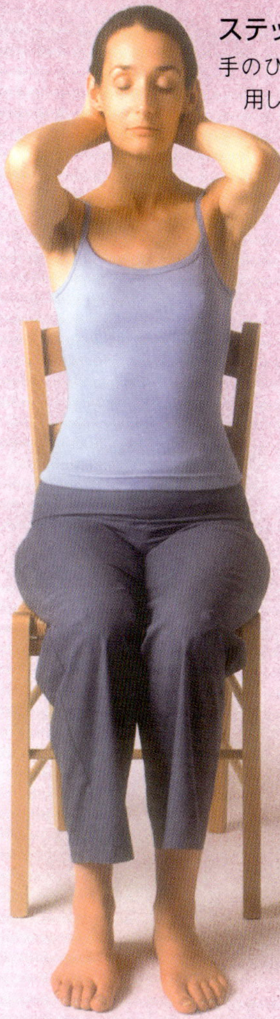

ステップ3

手のひらを丸めて後頭部を包みます。潜在意識に作用し、恐怖感・不安・懸念・ショックなど強烈な感情を鎮めるポジションです。安心感をもたらし、思考を落ち着かせて明晰にします。

ステップ4

両手を胸の上部の左右に置き、指先で鎖骨のすぐ下に触れます。気力が湧かないときや気持ちが落ち込んだときなどのネガティブな思いを追い払うのに役立つポジションです。愛情を深め、生きる喜びを高めます。

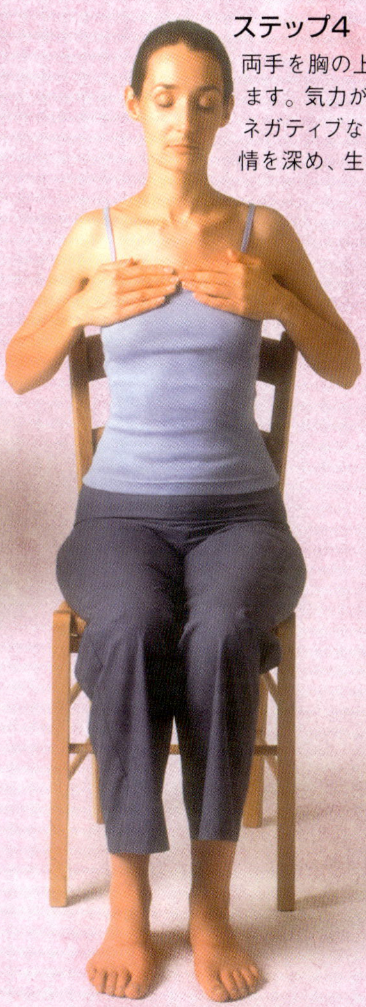

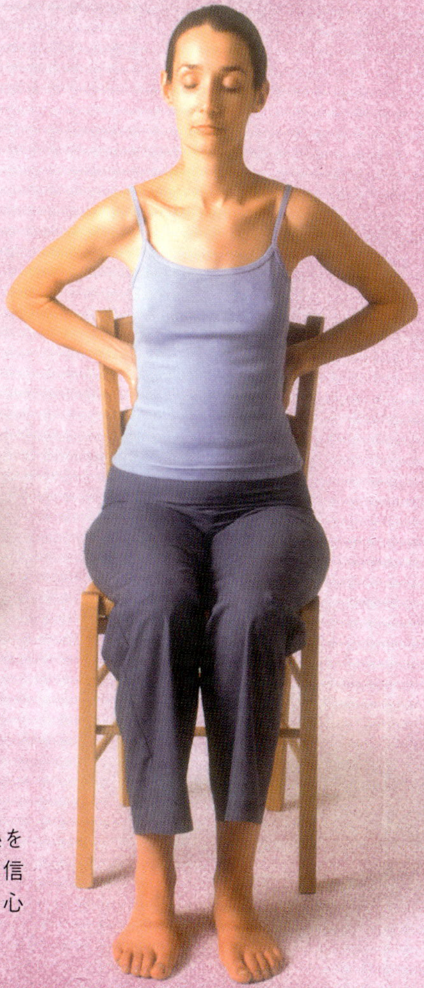

ステップ5

指先を背骨に向けて腎臓の高さに手を当てます。神経系をケアするポジションです。恐怖感やショックを緩和し、自信を高めます。背中の中部を楽にすると、過去やストレス、心痛から解放されます。

布袋

日本には弥勒仏の化身といわれる布袋の昔話が伝わっています。布袋の教えはただ笑うことでした。村から村へと渡り歩きながら市場の中心に立ち、笑い始めるのです。それが布袋の説法であり布教でした。その笑いは人々を巻き込んでいきました。彼の太鼓腹が笑いで揺れるのを見て、誰もが笑わずにいられなかったのです。やがて笑いは波のように広がっていき、村全体が笑いで包まれました。そんなふうに喜びと浮かれた気分をもたらすため、人々は布袋がやってくるのを心待ちにしました。しかし彼は一言も発しませんでした。笑いが彼の唯一のメッセージだったのです。

笑いは薬のようなものです。体内の化学反応までも変える力があるからです。脳波や考えかたまで影響を受けます。心から笑うと、そのたびに脳の奥深く、ハートまで届きます。自然から授かった妙薬ともいうべきで、病気のときもにこやかに笑えば、きっと速やかに健康を取り戻せることでしょう。笑うと身体の中からエネルギーが湧いてきます。このエネルギーが流れ始めると、とたんに瞑想状態に入って思考がストップします。笑いで頭がいっぱいになるからです。笑うと同時に考えるのは不可能なのです。

禅宗では、僧たちが朝一番に笑い、また笑って1日をしめくくる寺院もあります。日中も、ごく普通の1日の内にこっけいなことや楽しいことが数多く起こるのを見い出し、笑いがこみ上げてくるといいます。笑いが役に立つのは、自分自身と問題に距離を作ってくれるからです。客観的になるよう促し、人生の楽しみに目を向けさせてくれる、それが笑いなのです。

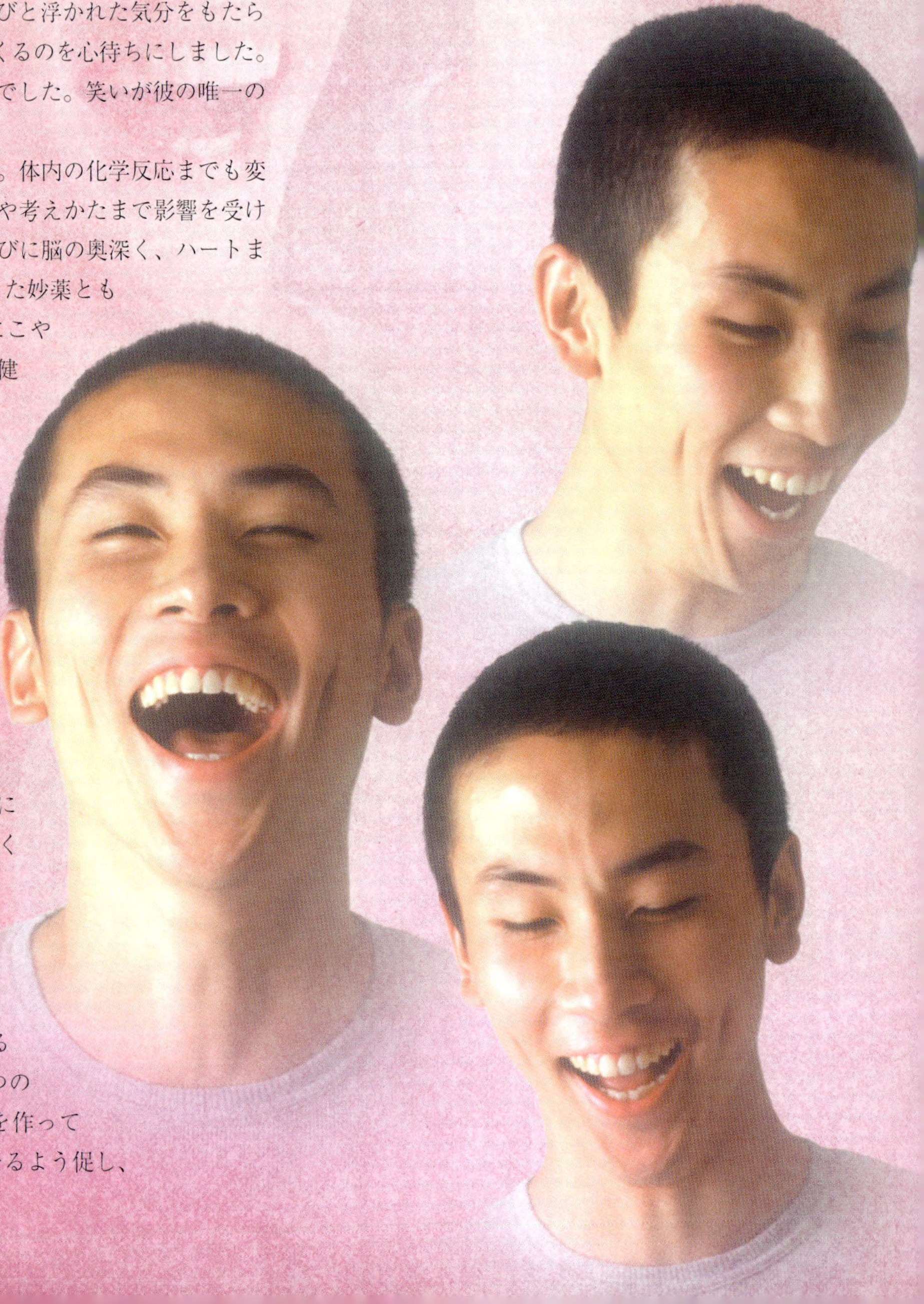

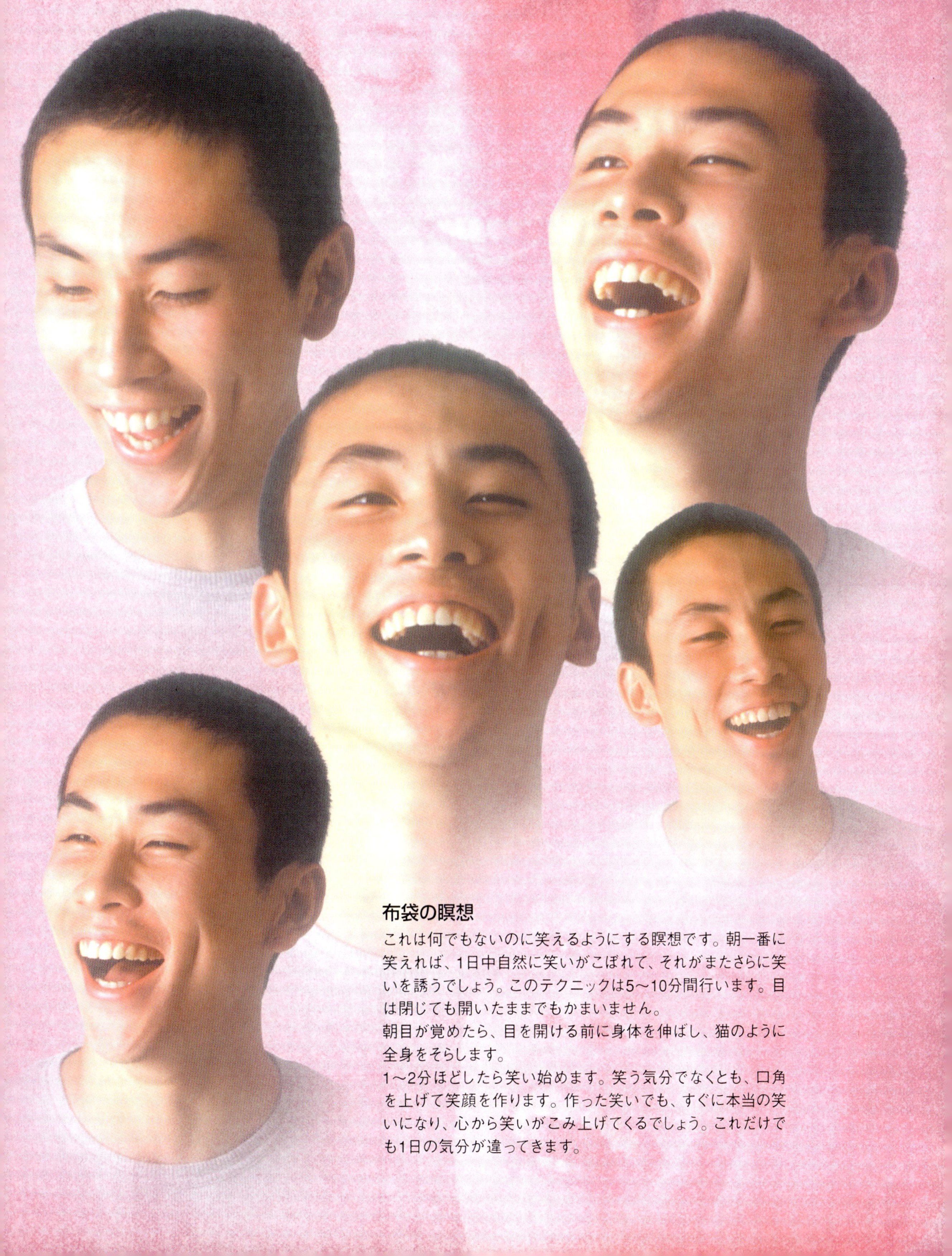

布袋の瞑想

これは何でもないのに笑えるようにする瞑想です。朝一番に笑えれば、1日中自然に笑いがこぼれて、それがまたさらに笑いを誘うでしょう。このテクニックは5〜10分間行います。目は閉じても開いたままでもかまいません。

朝目が覚めたら、目を開ける前に身体を伸ばし、猫のように全身をそらします。

1〜2分ほどしたら笑い始めます。笑う気分でなくとも、口角を上げて笑顔を作ります。作った笑いでも、すぐに本当の笑いになり、心から笑いがこみ上げてくるでしょう。これだけでも1日の気分が違ってきます。

第3章

癒しは必ずハートから訪れます。
互いに分かち合う、愛情と受容に満ちた空間——
それが癒しになるのです。

直観と意識：心の共振

本当の癒しとは、ヒーラー（ヒーリングの与え手）とヒーリー（受け手）の心が共振するときに起こります。これには、互いが同じ波長にチューニングされていなければなりません。たとえば、同じ高さの音が出るベルが2つあったとしましょう。片方をたたいて音を出すと、もう1つのベルも共振して鳴り出します。同じ事が2人の人間の間でも起こります。瞑想状態にあるヒーラーは自らの“魂”とつながっています。自分の内なる中心《センター》に意識を置いている状態です。そして、そこからヒーラーはヒーリーの“魂”へとコンタクトをとります。すると2人の“魂”が出会って共振し始めるのです。このような内部からのヒーリングを行うと、相手が何らかの病気や感情、トラウマを抱えていれば自ずと分かりますし、またそれらを包み込んで癒すこともできるのです。太陽に傷口をさらすように、どんな病気、またはトラウマでも、癒すにはまず表面化させねばなりません。そうして初めてヒーリーは完全な健康を取り戻すことができるのです。

リラックスした心の奥からレイキを施す

瞑想すると心身がリラックスし、自分の内なる中心《センター》とコンタクトできるようになります。このように自分の奥深い部分に至った状態でレイキを施術すると、ヒーリング能力が強力に引き出されます。したがってレイキも強力になりますし、レイキもまたあなたの身体にバランスと調和をもたらし、健康を増進します。

レイキのガイドライン

穏やかで愛情に満ちた、無理のない形でヒーリング・エネルギーを送り込むのがレイキです。ヒーリングは、レイキがハートから送られたときになされます。施術する前に、静かに沈思黙考し、瞑想する時間を取りましょう。集中力が増すとともにあなた自身が穏やかな雰囲気で包まれ、ヒーラーとヒーリー双方がよりリラックスできるようになります。レイキを施す側は受容的な気持ちを保ち、自分がヒーリングのための媒介であることを施術前に肝に銘じておきましょう。そして、自分なりの方法でそのことに感謝を表します。施術中は神経を研ぎ澄ませ、ヒーリングに専念します。身体を通じてエネルギーを流そうとするつもりで。自分の力でヒーリングしようとしたり、意識的にエネルギーを送り込もうとする必要はありません。ひたすら集中してその瞬間を楽しみます。施術後、支障がなければ気づいたことを相手と話してみてもいいでしょう。

認識

直観と意識を高めると、認識が深まります。本ページの背景にも“認識”という言葉が入っています。

レイキの基本ハンド・ポジション

直観的にレイキを実践する前に、これから6ページに渡って紹介する、全身ケア用のレイキ基本ハンド・ポジションを心得ておきましょう。これらはファースト・ディグリーで習うポジションです。各ハンド・ポジションに3〜5分間かけます。十分レイキを受け取ると、自然にそれと分かるはずです。熱い、または冷たい感じがする部分もあるかもしれません。その場合は、エネルギーの流れが正常になったと感じるまで手をあてて下さい。

ヘッド・ポジション1
両手を鼻の左右に置き、額・目・頬を覆います。

ヘッド・ポジション2
両手をこめかみに置いて指先で軽く頬骨に触れます。手のひらは頭の形に沿わせます。

ヘッド・ポジション3
両手で耳を覆います。
全身に作用するポジションです。

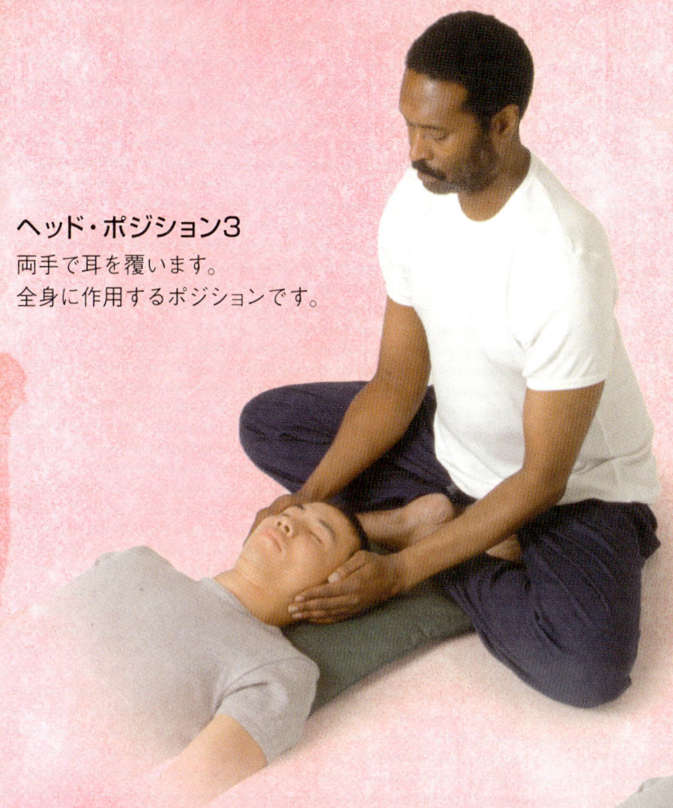

ヘッド・ポジション4
指先が延髄（頭と首の接合部分）にくるように両手で後頭部を包みます。

ヘッド・ポジション5
喉の上部から脇にかけて手をかざします。
喉には直接触れないようにします。

フロント・ポジション1

片手を鎖骨下の胸腺周辺に当て、もう片方を直角になるように胸の中心、胸骨の上に置きます（両手がT字を描くように）。

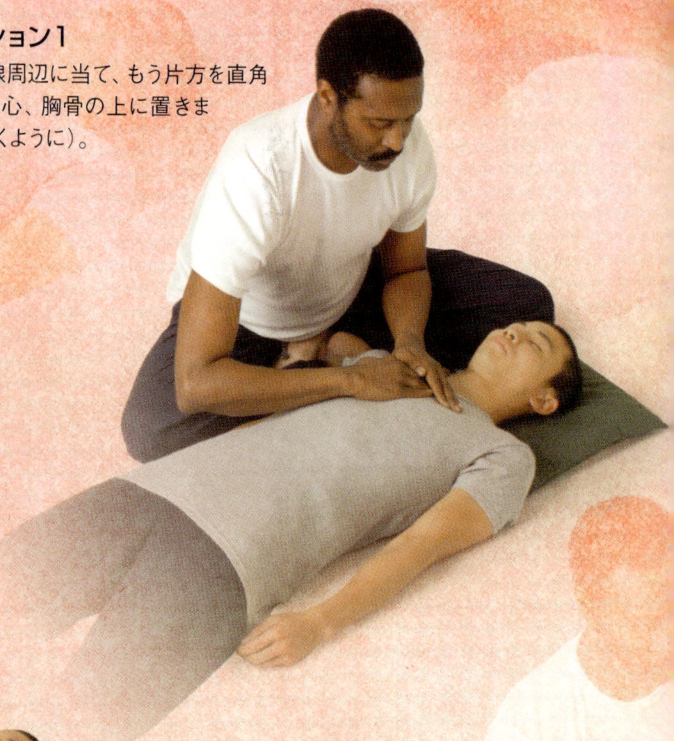

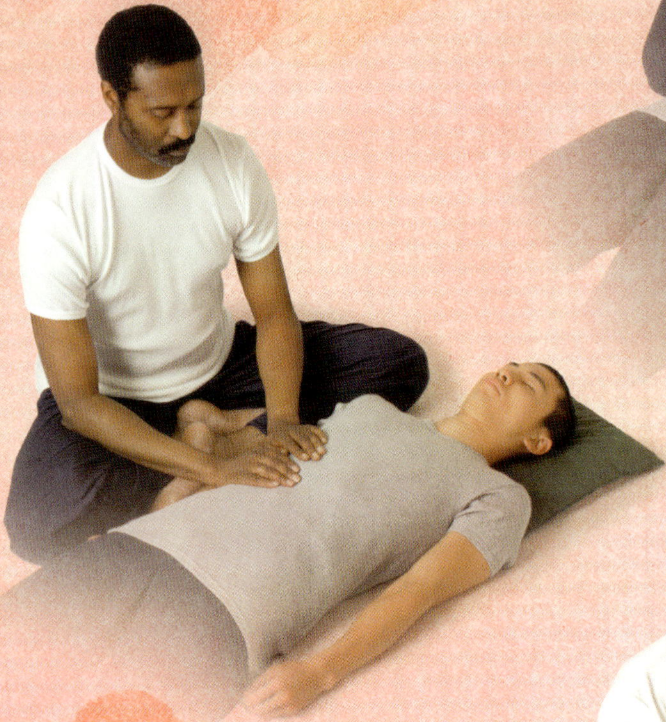

フロント・ポジション2

片手を肋骨の右側下部に、もう片方をすぐその下、ウエストの高さに置きます。

フロント・ポジション3

片手を肋骨の左側下部に、もう片方をすぐその下、ウエストの高さに置きます。

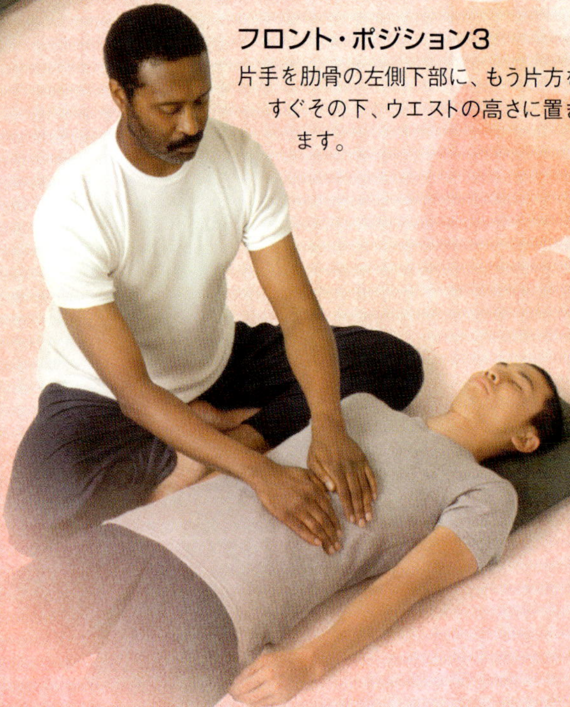

フロント・ポジション4

へそを上下から挟むように両手を置きます。

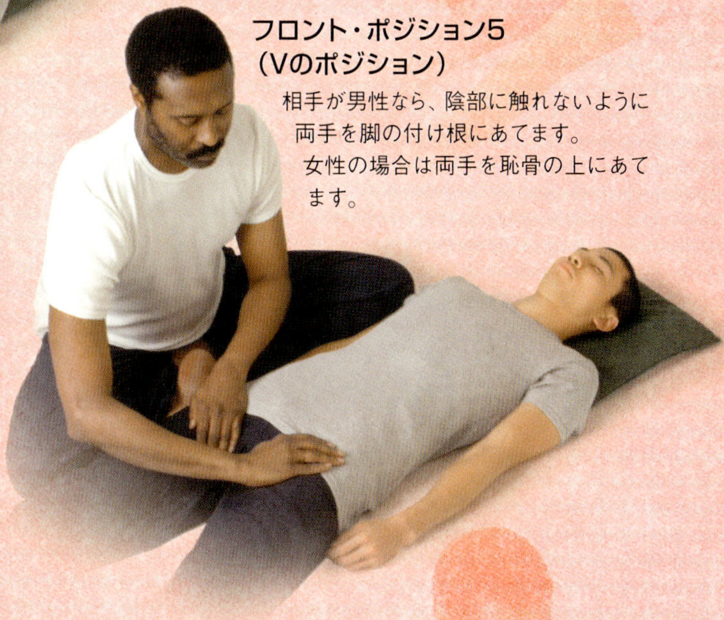

フロント・ポジション5（Vのポジション）

相手が男性なら、陰部に触れないように両手を脚の付け根にあてます。
女性の場合は両手を恥骨の上にあてます。

バック・ポジション1

両手で肩に触れ、片手を背骨の左に、もう片方を右に置きます。両手とも同じ方向を向けます。

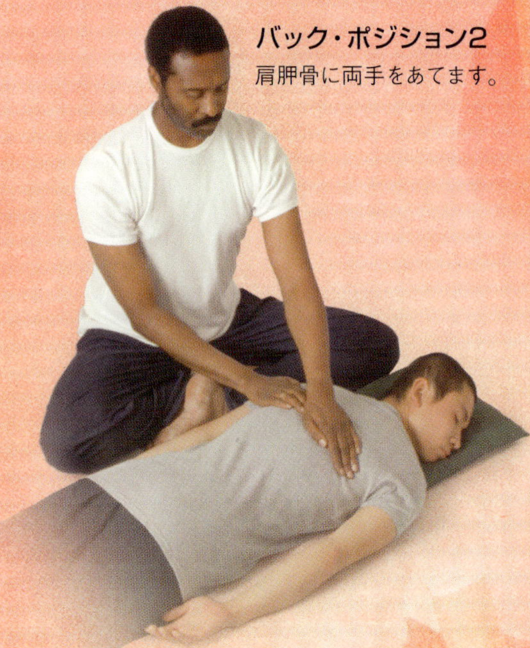

バック・ポジション2
肩胛骨に両手をあてます。

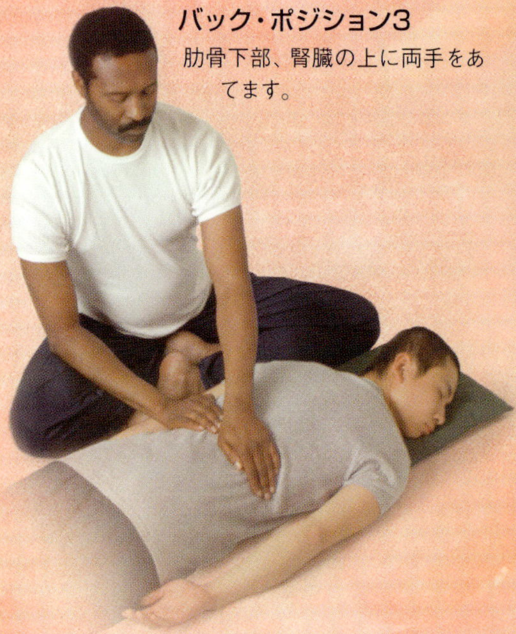

バック・ポジション3
肋骨下部、腎臓の上に両手をあてます。

バック・ポジション4
背中の大きい相手なら、腰（腰骨の高さ）に両手を当てます。

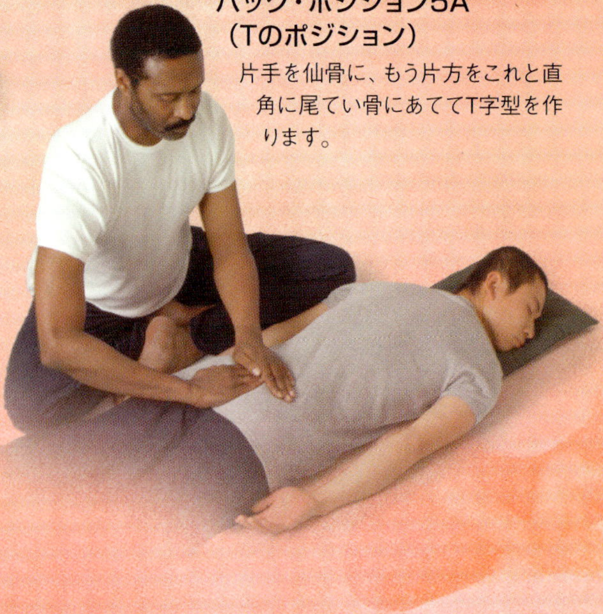

バック・ポジション5A（Tのポジション）
片手を仙骨に、もう片方をこれと直角に尾てい骨にあてててT字型を作ります。

バック・ポジション5B（Vのポジション）

片手の指先で直接尾てい骨に触れ、もう片方を先の手の隣に置いてV字型を作ります。

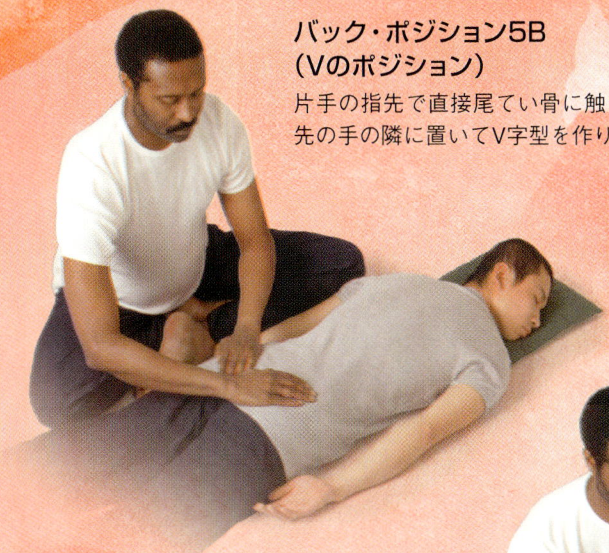

膝の後ろのポジション

膝の後ろのくぼみを両手で覆います。

足の裏のポジション（A）

足の裏に両手をあてます。できれば指先でつま先を覆うようにします。

足の裏のポジション（B）

手のひらをつま先にあて、指先をかかとに向けます。

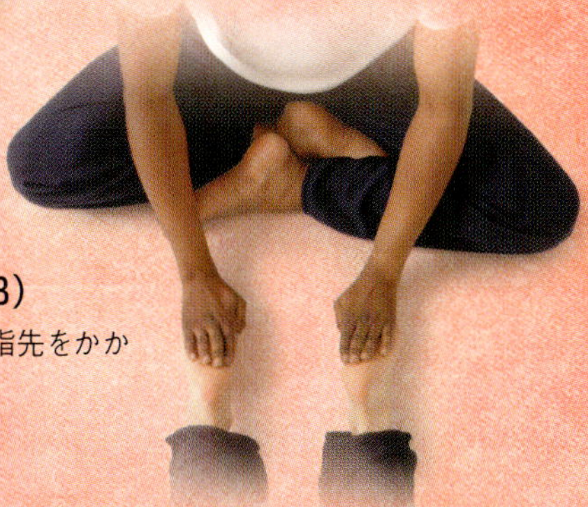

瞑想のガイドライン

基本的な瞑想法は3つあります。1つ目はアクティブ(活動的)、2つ目はパッシブ(受動的)またはサイレント(沈黙)で、3つ目はヴィジュアライゼーション(視覚化)と黙想を用いるタイプです。アクティブ瞑想法には運動と、フィジカル体およびエモーショナル体に蓄積した緊張を解くカタルシス段階が含まれるのが普通です。

インドの霊覚者、和尚が編み出した瞑想方は、世界中の人々が実践しています。本書でも和尚の瞑想法を数多く紹介しています。ダイナミック瞑想法(参照→P.64～67)もその一例です。和尚の瞑想法は非常に重要な意味を持っています。現代社会では、アクティブなライフスタイルが主流だからです。今、人々は人生の皮相的な部分で生き、名声・富・権力・外見的な容貌などの価値基準にばかりとらわれているように見えます。こういう価値観は外的なものに過ぎません。

現代社会、特に西欧社会は男性本位で、全体的にエネルギーが外に向かっています。そんな傾向を象徴しているのが“ともかくやってみろ！”というスローガンでしょう。それに、自らの“神聖な”自我とのコンタクトを失っている人も多いようです。信頼感・自他への愛情・思いやり・人々同士の本当の理解など、精神的な強さや意義も省みられなくなっています。

ところが、いくら物欲を満たしても、より高い生活水準をめざしてあくせくしても、結局幸福や満足感を得られずにいらだつばかりです。生きる意味を見つけられず、自分が誰か、そしてなぜそこにいるのかも分からないままなのです。これに対する答えは自分の中に自ら見つけるしかありません。しかし、そのためには自らの中に入っていく術を学ばねばなりません。瞑想テクニックはこれにうってつけの方法なのです。内観を始めると探究の旅が始まり、内なる世界が開けます。そして自分というものが分かってきます。

男性的な側面と女性的な側面

瞑想をするには、受け身で無為の状態になる必要がありますが、これは女性的なエネルギーです。人は誰でも男性的な面と女性的な面を併せ持っていますし、その両方とバランスよくコンタクトできればそれに越したことはありません。どんな瞑想でも変わらない3つの極意とは、1)身体がゆっくりリラックスしていく過程に注意を払うこと、2)コントロールせず、無理に集中しようとせずに心をリラックスさせること、3)リラックスした覚醒《アウェアネス》のうちにことの成り行きを見守ることです。また、評価・判断をせずに見守ることも大切です。

瞑想は幸福であることの結果だ
瞑想は幸福な者に影のように付き従う
どこへ行こうと、何をしようと、その者は瞑想状態にある

和尚 『The Everyday Meditator』

互いに結ばれる一体感

静寂のうちに、互いが個々の存在であるという思いが消えていきます。個を越えて、思いやりと理解が深まっていきます。高い観点からものごとを見られるようにもなります。複数で瞑想すれば、各人の瞑想がお互いの間に一体感を生み出します。皆がひとつになり、離ればなれになっている悲しみが消えていきます。人類全体が霊的な発展を遂げるには、瞑想的な要素が欠かせないのです。

瞑想中はなるべく気を楽にして根気よく、そして何よりもとにかくやってみようという姿勢を忘れずに。すぐに結果を求めようとせず、探究を深めるとともにリラックスした気持ちで。特に自分に合う瞑想法があれば、最低7日間、最長2ヶ月間行いましょう。そこで効果のほどを判断し、続けるか、それとも新しい瞑想法を試すかを決めましょう。瞑想を始めると、最初は心の準備を整え、身体の緊張をほぐすにも努力が必要です。まずはアクティブ瞑想法から入り、次にヴィパッサナ（参照→P.94～95）などの黙座するサイレント瞑想法に移っていくほうがいいでしょう。

ダイナミック瞑想

ダイナミック瞑想法は感情を解放し、全体的な意識を鋭敏にします。瞑想中ははつらつとして活力が湧き、エネルギーが満ちてくるように感じるでしょう。あなたと、基底（第1）チャクラおよび性センターを結びつけるテクニックで、呼吸・爆発・ジャンプ・静止・喜びの表現の5段階から構成されています。瞑想中は自らの内なる中心《センター》に意識を据えておくようにするのですが、これを可能にするのが前半の3ステップです。この3ステップには、4番目の静寂のステップの準備を整える役目もあります。そして最後のステップで、喜びをダンスで表現します。

この瞑想は早朝の空腹時に行うのがベストです。目は閉じたままにしておきます。全過程で1時間かかります。この瞑想中にかけるのに適した音楽もあります。

ステップ1：呼吸（10分間）

吐く息に注意を向けながら、鼻から素早く呼吸します。息は肺の奥深くまで吸い、呼吸の度に胸をふくらませます。身体から力を抜き、首と肩をリラックスさせつつ、できるだけ素早くこれを行います。文字通り自分と呼吸が“一体化する”まで続けて下さい。規則的に息を整えたりしないで、呼吸が自然に発生するような感じで。エネルギーが動き出すと、身体が何かを表現したがっているように動き出すでしょう。これは抑制せず、動くにまかせます。次第にエネルギーが蓄積していくのが感じられるはずです。ただし、まだエネルギーを解き放ってはいけません。ペースも落とさず、そのままを保ちます。

ステップ2：爆発（10分間）

身体を解き放ち、表現したいことをすべて外に出します。"爆発"して身を任せましょう。叫ぶ、泣く、ジャンプする、キックする、大声を上げる、身体を振るわせる、踊る、笑う、歌うなど、どんな表現方法でもかまいません。自分の中から吐き出す必要のあるものを全部ぶちまけてしまいましょう。なりふり構わず、思い切り全身を動かします。何が起こっても気にせず、心を無にして。最初は意識的に身体を動かすとスムーズにいくでしょう。

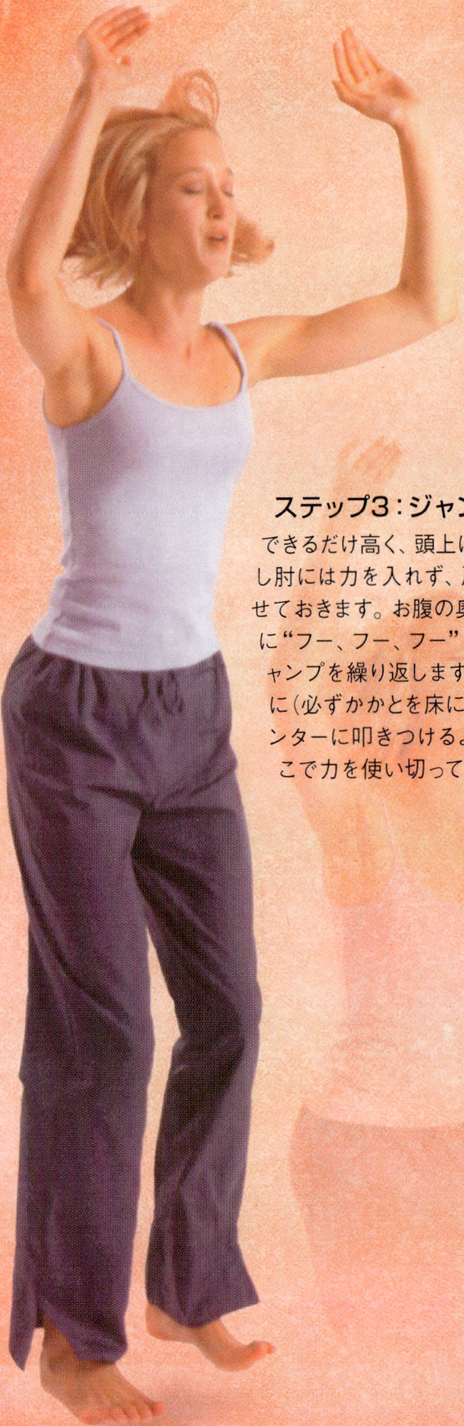

ステップ3：ジャンプ（10分間）

できるだけ高く、頭上に腕を上げます。ただし肘には力を入れず、肩や首もリラックスさせておきます。お腹の奥底から絞り出すように“フー、フー、フー”と声を出しながら、ジャンプを繰り返します。足裏が着地する度に（必ずかかとを床につけます）、声を性センターに叩きつけるように響かせます。ここで力を使い切ってしまいましょう。

ステップ4：静止（15分間）

完全に動きを止めます。これと思った姿勢で静止します。格好を気にしたり、少しでも姿勢を正すのは禁物です。咳払い1つ、またはわずかな動きによってもエネルギーの流れが分散してしまいます。そのまま何が起こるかを余さず見守りましょう。

ステップ5：喜びの表現（15分間）

音楽やダンスにのせて嬉しさと喜びを表現します。歓喜など、思いの丈を外に出します。活力が満ちてきたら、そのはつらつとした気持ちを1日中保ちましょう。瞑想中は目を閉じても開いていてもかまいません。

エモーショナル・ヒーリングとレイキによるバランス調整

不安を抱えるなど気持ちが動揺すると、頭のほうにエネルギーが集中するように感じます。このエネルギーのバランスを取って身体の各部に分散させるには、まず頭にレイキを施します。ここで紹介するハンド・ポジションは恐怖感・混乱・ショック・不安などの強烈な感情を鎮める効果があります。以下のポジションをヒーリーに施し、各ポジションとも5分間ほど続けます。全過程で40〜60分間ほどかかります。

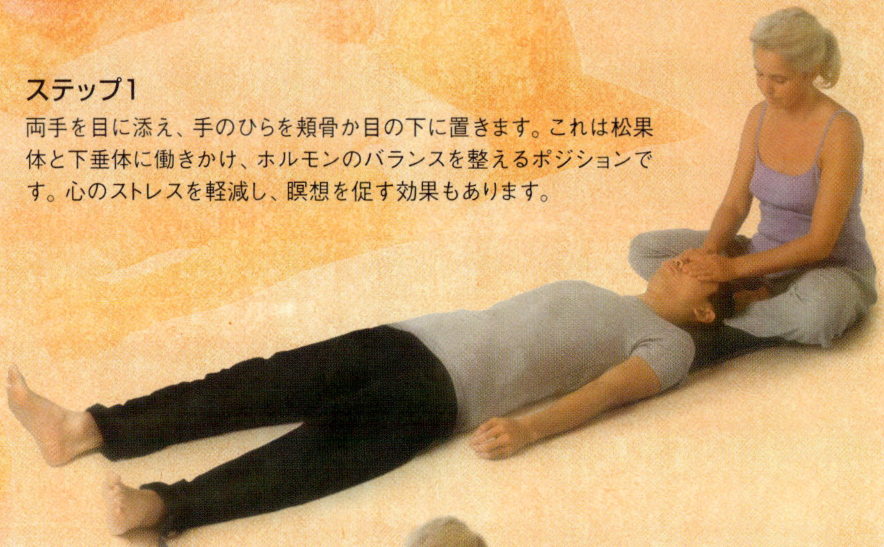

ステップ1

両手を目に添え、手のひらを頬骨か目の下に置きます。これは松果体と下垂体に働きかけ、ホルモンのバランスを整えるポジションです。心のストレスを軽減し、瞑想を促す効果もあります。

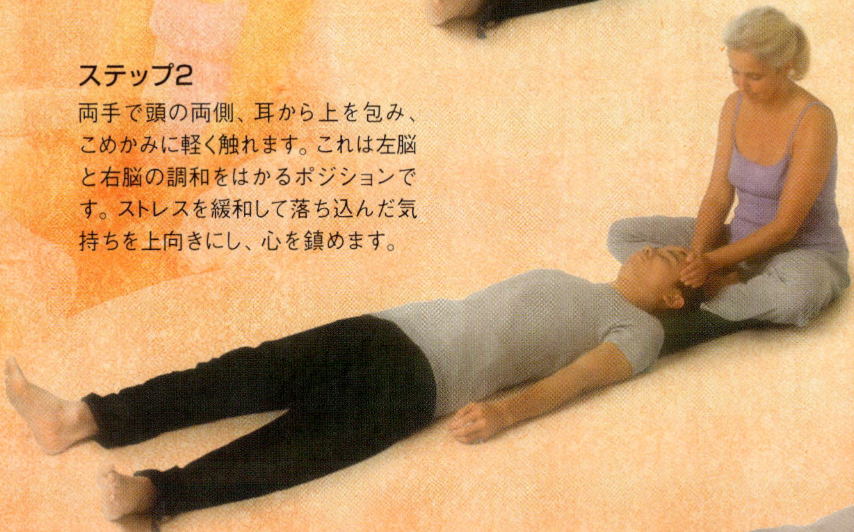

ステップ2

両手で頭の両側、耳から上を包み、こめかみに軽く触れます。これは左脳と右脳の調和をはかるポジションです。ストレスを緩和して落ち込んだ気持ちを上向きにし、心を鎮めます。

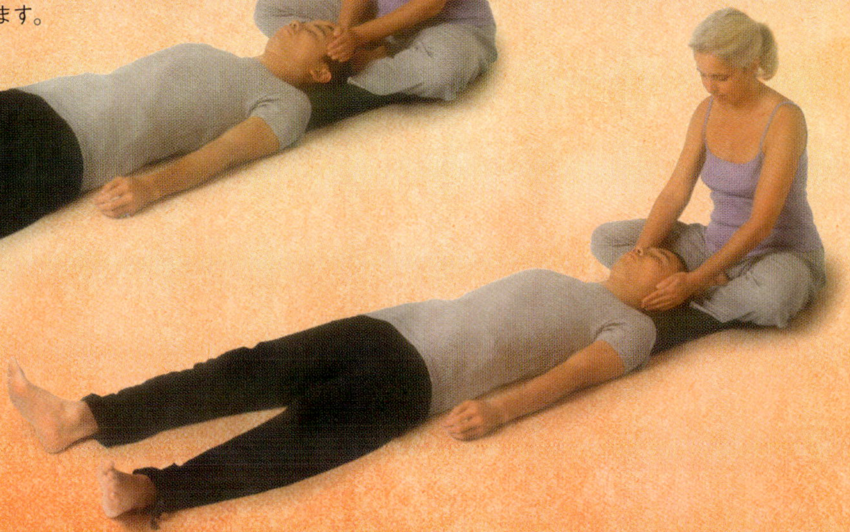

ステップ3

両手で耳を覆います。これは心地よい安心感を与え、全身をリラックスさせる効果のあるポジションです。

ステップ4

頭の下部を丸めた手で包みます。後頭部をケアすると、安心感をもたらします。恐怖感を軽減して落ち込んだ気持ちを上向きにし、精神と感情を鎮めるポジションです。

ステップ5

Tのポジション(自己ヒーリングの場合は両手を胸の中央にあてる)によってハートを強化し、愛する能力と生きる喜びを高めることができます。虚弱体質を改善し、落ち込んだ気持ちを一掃します。

ステップ6

片手を下腹、へそのすぐ下に置き、もう片方を額にあてます。深いリラックス感をもたらし、思いや感情を解き放つのに役立つポジションです。

ステップ7

さらに深い感情や緊張を解き放つには、両腿の内側に手をしっかりとあてます（相手にレイキを施す場合は指先を反対方向に向けます）。これは根深い恐怖感（腹部に抱え込まれていることが多い）を解消するポジションです。

ステップ8

両手を膝にあてます。緊張や死への恐怖感は膝に溜まるケースが多いのです。レイキを施すと、この恐怖感を和らげることができます。

ステップ9

両手を腎臓の上、肋骨下部に置きます。相手にレイキを施す場合はうつ伏せになってもらいます。背中の中央をケアすると過去による束縛を解き放ち、ストレスや痛みを取り除く効果があります。

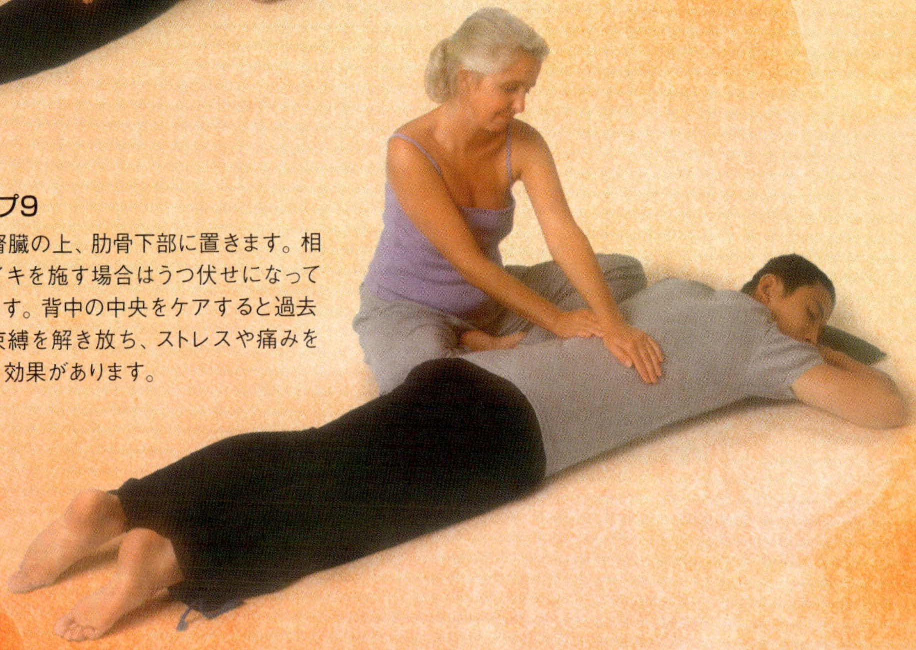

ステップ10

両手を足の裏にあて、できれば指先でつま先を覆います。または手のひらの付け根をつま先にあて、指先をかかとに向けます。基底(第1)チャクラの強化に役立つポジションですが、全チャクラと全身の各部をグラウンディング(地に足を着かせる、落ち着かせる)させる効果もあります。

ステップ11

片手を背中下部に、もう片方を延髄部分(頭と首の接合部分)にあてます。これは安心感と慈しまれているという思いをもたらすポジションです。

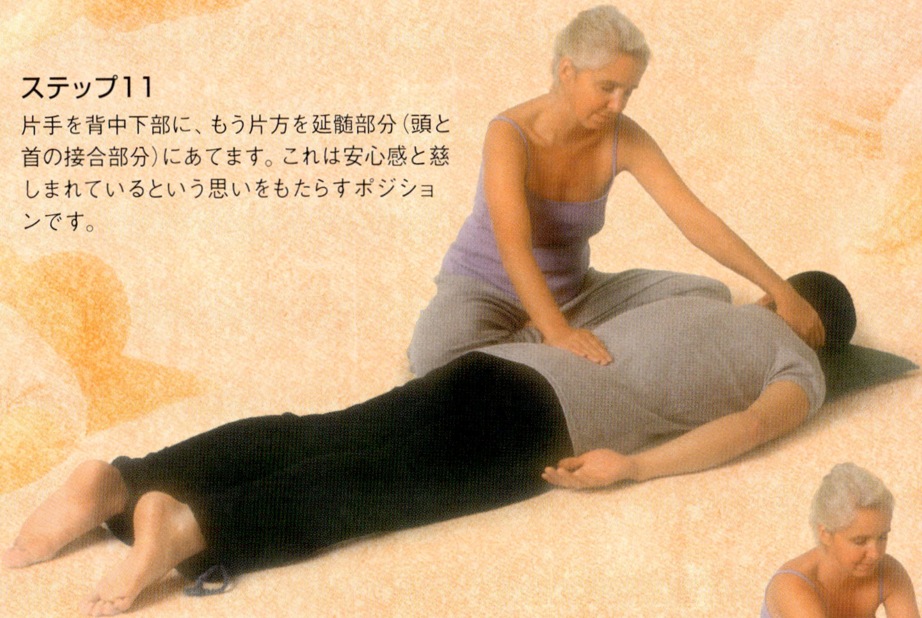

ステップ12

頭からつま先に向け、2回オーラをなでおろします。次に背骨の基部から頭に向けてエネルギーの線を1本引き上げておきます。しばらく時間をかけて通常の意識状態に戻ります。レイキの受け手にも同様にしてもらいます。身体を伸ばし、手足の指を動かしてほぐします。自分自身との結びつきが強まり、気力が充実してバランスが整った感じもするはずです。

直観とレイキ

これはレイキによるヒーリングの"番外編"ですが、レイキを施す側に直観との結びつきを作ってくれます。インスピレーションと叡智の導きを得るには、手を引かれるままに動かし、この過程が素晴らしいものであると確信することが大切です。レイキはあなたの直観と確信を引き出してくれるでしょう。手が自然に行くところは、緊張している、エネルギーが不足している、バランスが崩れている、痛みがある場所であることが多いのです。

直観的レイキに役立つ瞑想

ヒーリーは床に敷いた毛布の上か、ヒーリング用テーブルに横になります。毛布はもう1枚用意しておきます。ヒーリング時間は30〜40分間です。ステップ1〜6の間は音楽をかけないで下さい。

ステップ1

自分の内なる中心《センター》とリンクし、思いや緊張、感情を残らず出してしまいます。息は回を重ねるごとにより深く吐くようにし、緊張も一緒に吐き出します。

ステップ2

ハートから相手と同調します。両手でそっとヒーリーの頭（耳の上）に触れます。あなたは目を閉じます。受容的になって心を開き、ヒーリーからの情報やメッセージを受け取ります。メッセージとは、ヒーリーの身体で触れる必要があると感じる場所はどこかということです。これは、エネルギーの不足、バランスの崩れ、解くべき緊張などとして感じられたりします。または視覚的なヴィジョン、音、またはヒーリーの感情的な健康について語る言葉などの形で伝えられる場合もあります。

ステップ3

直感を働かせて、これでよしと思うまで続けます。

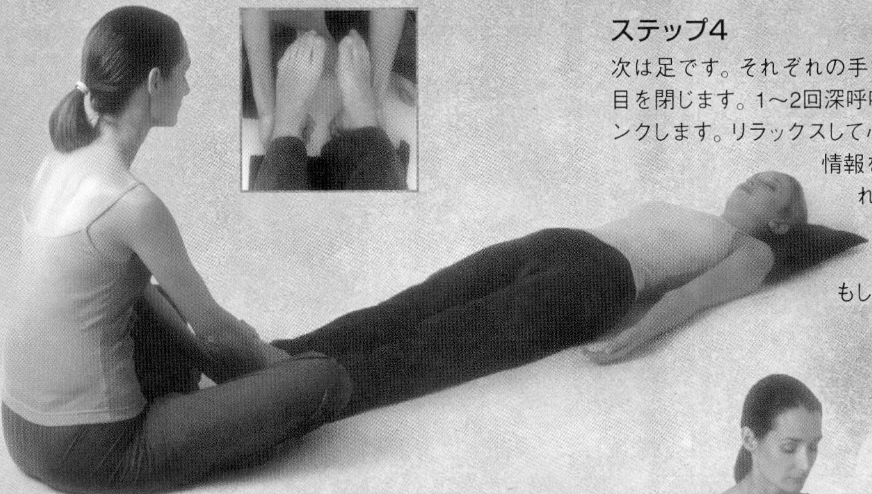

ステップ4

次は足です。それぞれの手でかかとを持ちます。ヒーラーは目を閉じます。1～2回深呼吸をして、自分の内なる中心《センター》にリンクします。リラックスして心を開き、ヒーリーの身体からの情報を余さず受け止めます。相手が触れてもらいたがっている場所をはっきりと確認して下さい。このとき手がピリピリするかもしれません。

ステップ5

ヒーリーの横、腰の位置に座ります。目を閉じて相手と同調し、ヒーリーとリンクします。ヒーリーの片手を握って、相手とのリンクが確立するのを待ちます。これでよしと思うまで待ちましょう。

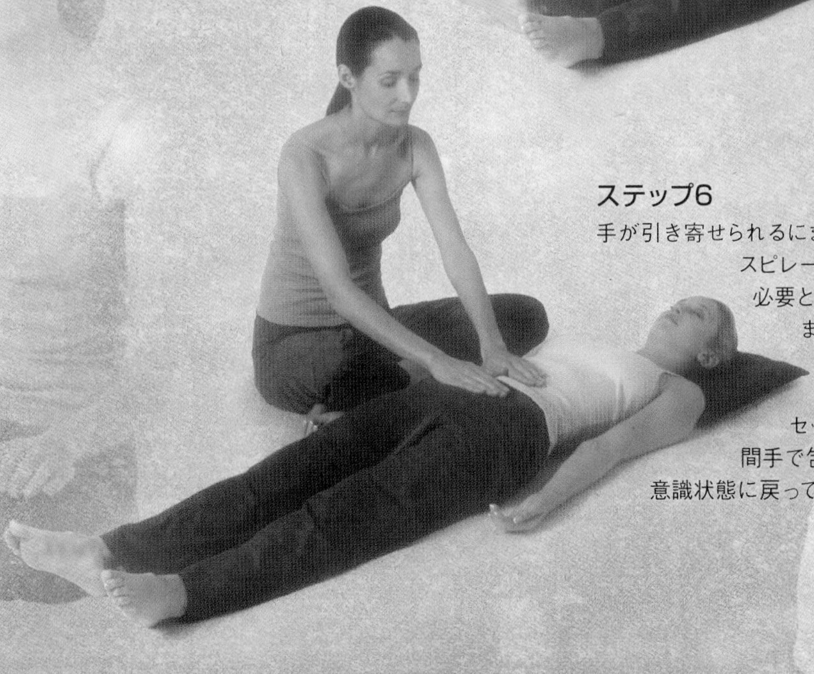

ステップ6

手が引き寄せられるにまかせて両手を身体にあてます。インスピレーションと直観を働かせてヒーリングを必要としている部分を見極め、レイキを施します。ヒーリングは30分、またはそれ以上かかることもあります。必要なら音楽をかけてもいいでしょう。

セッションの最後にヒーリーの足を短時間手で包み、毛布をかけて、ゆっくりと通常の意識状態に戻ってもらいます。

クンダリーニ瞑想

これは、静寂の中に身を置くことで身体から緊張を取り除く瞑想です。震動・ダンス・静観・静止の4ステップからなり、それぞれ15分間かかります。午後か夕方早くに行うのがベストです。全過程で1時間かかります。この瞑想中にかけるのに適した音楽もあります。

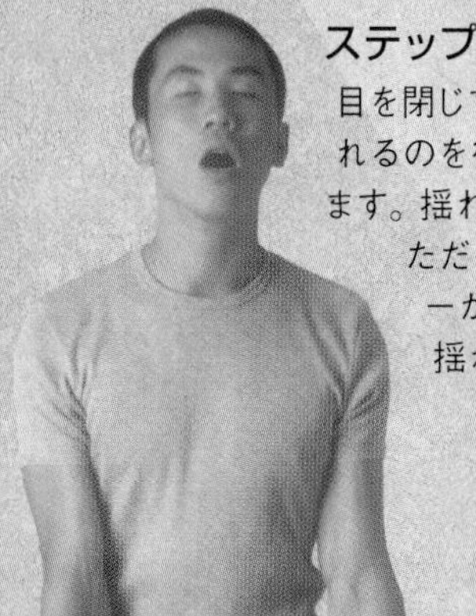

ステップ1：震動（15分間）

目を閉じて静かに立ちます。力を抜いて、自然に身体が揺れるのを待ちます。身体が軽く揺れ出したら、それを促します。揺れが向こうからやってくるのを受け入れる感じで、ただし無理に身体を動かすのは禁物です。エネルギーが足下からゆっくり上ってくるのを感じて下さい。揺れに身をまかせて、揺れと"一体化"しましょう。

ステップ2：ダンス（15分間）

目を閉じ、気持ちのおもむくまま踊ります。全身を自由に動かしましょう。

ステップ3：静観（15分間）

腰かけても立ったままでもかまいませんが、じっと目を閉じて、身体の内外で起こっていることを見守ります。座っている場合は開いた手のひらを上にして軽く膝の上に載せるか、身体の前に置きます。

待つことが瞑想だ。
覚醒のうちに待つことだ。
そしてそれはやってくる……、
あなたを清め、浄化し、変容させる。

和尚　『The Orange Book』

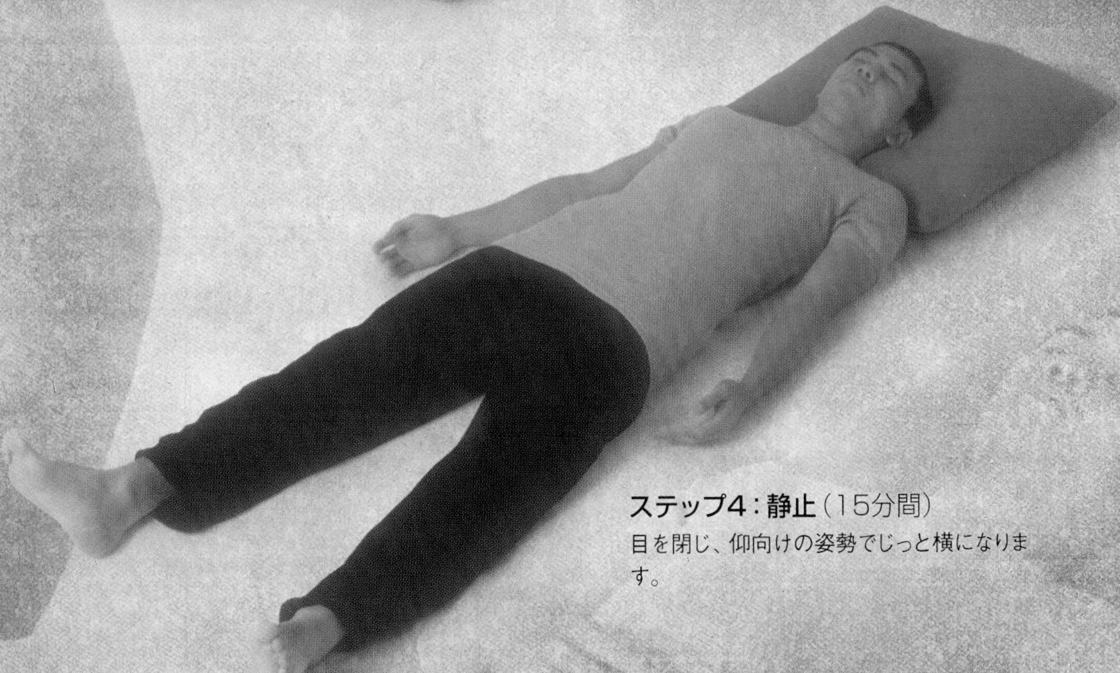

ステップ4：静止（15分間）

目を閉じ、仰向けの姿勢でじっと横になります。

レイキで不安を解消する

不安を取り除き、あなたやヒーリーをリラックスさせるには、レイキの基本ヘッド・ポジション（参照→P.55～61）を利用します。これにはネガティブな思いを解消し、ホルモンバランスをコントロールする下垂体と松果体のバランスを整える効果のほか、いわゆる“幸福のホルモン”であるエンドルフィンの分泌を促進する作用もあります。

このヒーリングは自分で行うことも相手に施すこともできます。各ポジションとも5分以上行います。

ステップ1

ヒーリーの目に両手をあて、手のひらを頬骨か目の下に軽く置きます。下垂体と松果体のバランスを取るポジションです。過労やストレスをケアする際に使います。目をリラックスさせると、全身がリラックスします。

ステップ2

両手でヒーリーの頭の両側、耳から上を包み、こめかみに軽く触れます。これは左脳と右脳の調和をはかるポジションです。ストレスを緩和して落ち込んだ気持ちを上向きにし、心を鎮めます。

ステップ3

ヒーリーの後頭部を丸めた手で包みます。恐怖感やショックなどの強烈な感情を鎮め、緊張や頭痛を解消したいときに使うポジションです。気持ちが落ち込んだときに効果的で、思考を明晰にします。後頭部をケアすると安心感がもたらされます。

ステップ4

続けて胸にレイキを施します。女性（自己ヒーリングの場合）は両手を乳房の真上に置きます。これは身体の左右のバランスを整え、男性的側面と女性的側面を調和させる効果があります。男性（自己ヒーリングの場合）は両手を並べて胸全体を覆います。それから心臓センター（第4チャクラ）に意識をおいて、自分自身の感情面にリンクします。ヒーリーが女性の場合は、必ずこのポジションを行ってよいかどうかをたずね、感想をききながら施術して下さい。

ステップ5

胸の下、ウエストの上にある太陽神経叢に両手を置きます。活力、生きる喜び、信頼感をもたらすポジションです。

ステップ6

ヒーリーにレイキを施している場合は、うつ伏せになってもらいます。背中の中央部に手を当て、腎臓と副腎にレイキを送ります。副腎への負担を緩和することで、アドレナリンの分泌量が減ります。

ステップ7

ヒーリーにレイキを施している場合は続けて肩の上部にも施術します。指先を腕のほうに向けて肩の外側に両手を当てます。感情的なストレスと緊張を緩和し、腕と手の血行を改善する効果があります。

ステップ8

ヒーリーのオーラを2回なで、時間をかけて通常の意識状態に戻ってもらいます。背骨の基部から頭に向けてエネルギーの線を1本引き上げておきます。

ヒーリーが頭痛を訴えていたり、恐怖感がある、または混乱している場合はレスキュー・レメディ（バッチ博士のフラワー・レメディの1つ）がストレス軽減に効果を発揮します。コップ1杯の水に6滴落として混ぜ、1日何回かに分けて飲むか、その状態が続いている期間続けて飲みます。

プレーヤー瞑想

これはあなたを取り巻くエネルギーと溶け合えるようにする瞑想です。陰と陽、男性と女性のエネルギーが混ざり合っている、天と地のエネルギーで満たされたような気分になるでしょう。このエネルギーとの一体化が祈りであり、あなたに変化をもたらします。できれば夜に暗い部屋で行うのがベストで、瞑想後はすぐに眠りについて下さい。

朝に行う場合は、直後に15分間休む時間を取ります。

瞑想は全部で20～30分間ほどかかります。この瞑想中にかけるのに適した音楽もあります。

ステップ1

膝をついて両手をさし上げます。手のひらを上に向け、顔も仰向けます。宇宙エネルギーが身体に流れ込むのを感じて下さい。天のエネルギーで身体を満たします。エネルギーが両腕を流れるのを感じながら、そよ風に揺れる葉のような気分になりましょう。エネルギーに身を任せて全身で揺れましょう。

ステップ2

通常2～3分間ほどするとエネルギーが身体に満ちあふれます。そうしたら身を屈めて手のひらをつき、額を床につけます。天のエネルギーと地のエネルギーを結びつける媒介になるつもりで。

ステップ1と2を少なくとも7回繰り返して下さい。できれば7回以上行います。6回以下だとそわそわと落ち着かず、眠れなくなってしまいます。終わると各チャクラの滞りが解消されているはずです。

ステップ3

この祈りの状態のまま眠りについて下さい。一晩中エネルギーがあなたを包み、あなたの中で働き続けます。朝にはそれまでになく活力にあふれ、リフレッシュした気分になっているでしょう。

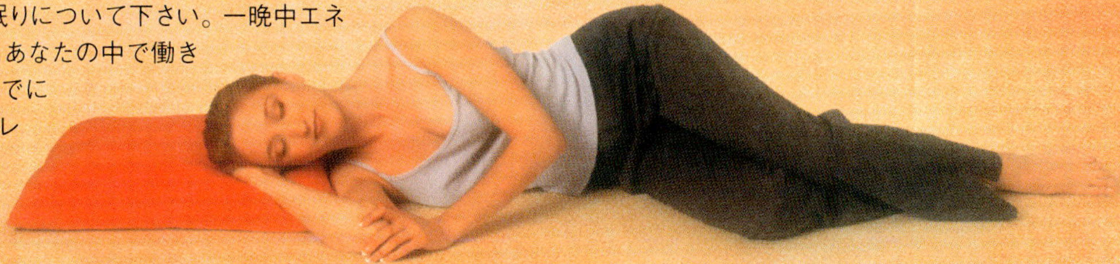

レイキによるチャクラのバランス調整（上級編）

レイキを使ってエネルギー・センター（チャクラ）のバランスを取るとめざましい効果があります。レイキの基本ポジションは第1～7までの7つのチャクラに対応していますから、1回のレイキ・セッションでチャクラの調和をとることもできます。また、エネルギー・センターを1つずつケアすることも可能です。この過程は通常15～20分間かかります。

チャクラはそれぞれその人の成長に関する側面を反映しています。チャクラにおけるエネルギーの流れが滞るとバランスが崩れ、精神または霊的、肉体的な不調につながります。レイキの力を借りればチャクラのエネルギーの過不足を調整することができるのです。

通常、頭はエネルギー過剰で下半身はエネルギー不足の傾向にあります。頭頂（第7）チャクラはエネルギーを補う必要がないので、バランス調整の過程でも手は触れません。やりかたですが、バランスを取る必要のある2つのチャクラに同等のエネルギーを感じるまで手をあてます。暖かい、または冷たいなど2点に温度差を感じることもあるでしょう。その場合は両手に同じ温度を感じるまで続けます。

セッションは40分間ほどかかります。

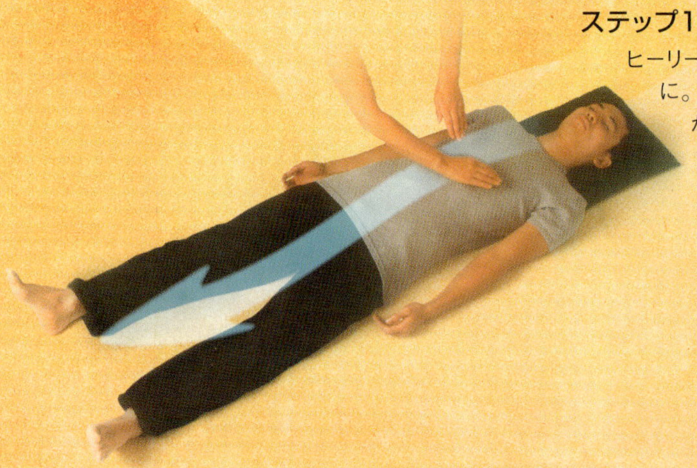

ステップ1：オーラを整える

ヒーリーに仰向けになってもらいます。腕は力を抜いて両脇に。なめらかな曲線を描きながら、ヒーリーのオーラを頭からつま先に向けてなでます。これを3回繰り返します。セッションに備えてヒーリーをリラックスさせる効果があります。

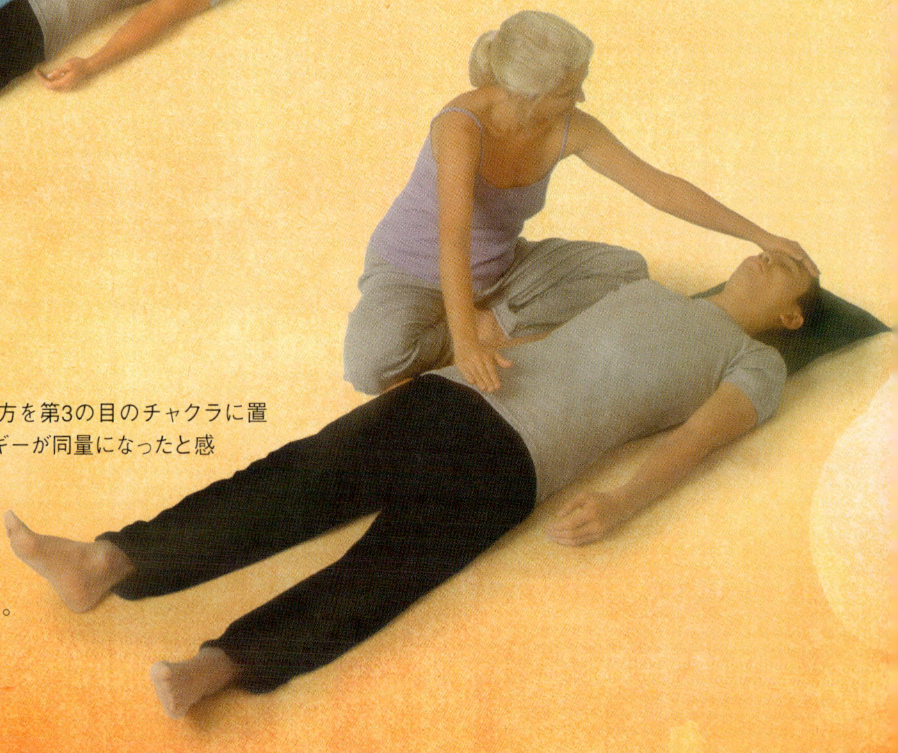

ステップ2：基底（第1）と第3の目（第6）のチャクラ

片手を基底チャクラに、もう片方を第3の目のチャクラに置き、両センターに流れるエネルギーが同量になったと感じるまでそのまま手をあてておきます。ヒーリーが女性なら恥骨に触れてもかまいませんが、男性の場合はわずかに陰部から手を離しておきましょう。

ステップ3：仙骨（第2）と喉（第5）チャクラ

片手を仙骨チャクラに置き、もう片方を喉チャクラのすぐ上にかざします。喉チャクラのほうは直接触れないようにします。両センターのエネルギーのバランスが取れたと感じるまでそのまま手をあてます。

ステップ4：太陽神経叢（第3）と心臓（第4）チャクラ

片手を太陽神経叢チャクラに、もう片方を心臓チャクラに置きます。両センターのエネルギーのバランスが取れたと感じるまでそのまま手をあてます。

ステップ5

感情のバランスを取ることでより深くヒーリングすることができます。片手をへそのすぐ下に、もう片方を額にあてます。数分ほどしたら、下腹にあてた手を時計回りにごくゆっくりと数回回します。これはヒーリーに深いリラックス感をもたらし、思考や感情、身体のあらゆる緊張を解き放つ効果があります。

ステップ6

さらに感情や緊張を解き放つため、両腿の内側に手をしっかりあてます（指先は反対方向に向けます）。こうするとヒーリーの根深い恐怖感（腹部に溜まることが多い）を解消する効果があります。

ステップ7

足にレイキを施して、チャクラと全身をグラウンディングさせます。手のひらの付け根をつま先にあて、指先をかかとに向けます。または手を足の裏にあて、できれば指先でつま先を覆います。こうすると基底チャクラが強化されます。

ステップ8

セッションの最後に、頭からつま先に向けて2回オーラをなで下ろして整え、恥骨から頭までエネルギーの線を1本引き上げておきます。

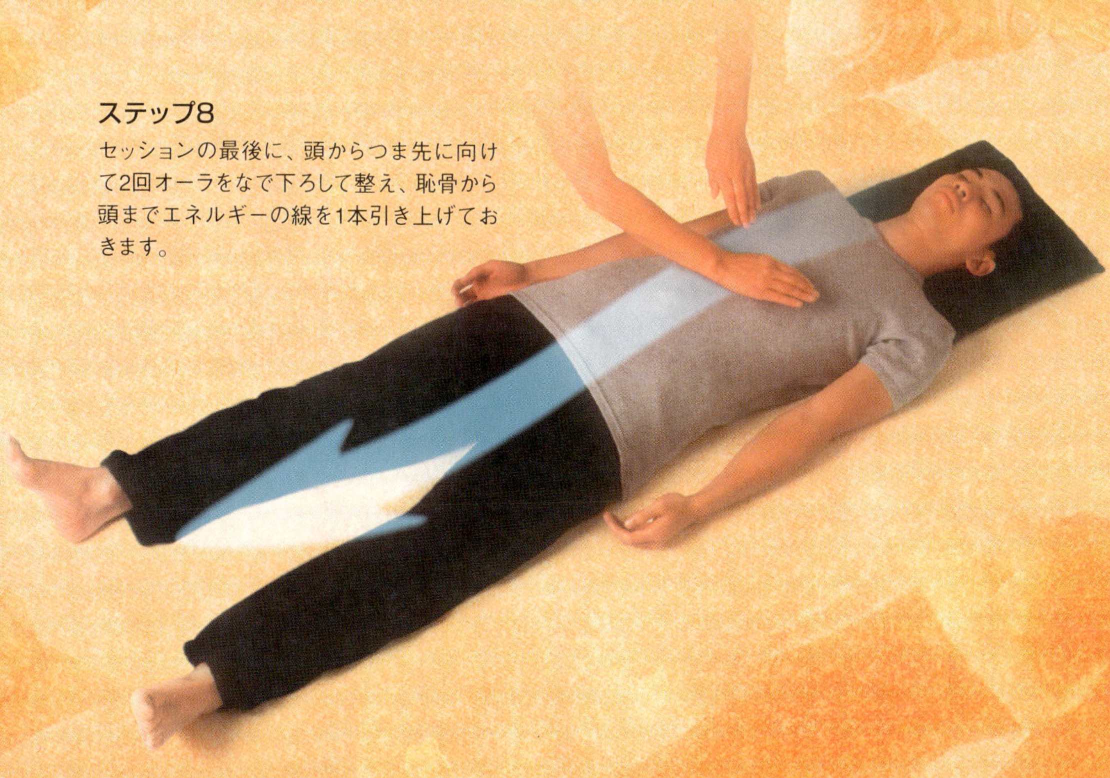

チャクラ・ブリージング瞑想

これは7つの各チャクラ（参照→P.30、34）のエネルギーを感じ取り、その存在を実感するための瞑想です。

繰り返し素早く行う深呼吸と運動を利用してチャクラを開き、チャクラに覚醒と活力をもたらします。呼吸している間は、身体を揺さぶる、伸ばす、傾ける、骨盤を回すなどの動作をすると効果的です。手は自由に動かしてかまいませんが、足は同じ位置に固定しておきます。足や膝、腰をバネのように柔軟にして、動きが中断することなくスムーズに流れるようにします。

この瞑想は朝の空腹時か、夕方、夕食前に行うのがベストです。瞑想には1時間かかりますが、その間中目は閉じておきます。この瞑想中にかけるのに適した音楽もあります。

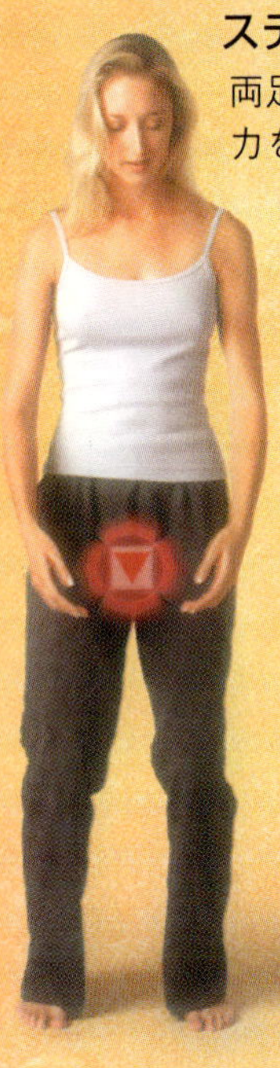

ステップ1

両足を肩幅に開いて立ちます。身体から力を抜いてリラックスします。目を閉じ、口を開きます。1秒に1呼吸のリズムで、基底（第1）チャクラに向けて素早く深呼吸します。呼吸しながら、第1チャクラが位置する骨盤周辺に注意を向けて下さい。次は楽に感じるリズムで息を吸い、第1チャクラから受ける感覚を意識します。第1チャクラに向けた呼吸は1分半ほど行います。

ステップ2

次は仙骨（第2）チャクラに向けて息を吸います。無理に呼吸を整えようとしないで、楽に感じるリズムで息を吸って下さい。仙骨チャクラから受ける感覚を意識し、そこに向けて1分半ほど呼吸をします。チャクラを移動するにつれ、より早く、軽く呼吸するようにします。

ステップ3

この素早い深呼吸を太陽神経叢（第3）チャクラに上げます。さらに素早い軽く呼吸にします。

ステップ4

心臓（第4）チャクラに移ります。
もっと素早く軽い深呼吸にします。

ステップ6

第3の目（第6）のチャクラに移ります。

ステップ7

頭頂（第7）チャクラに移ります。ここまで来ると、第1チャクラに比べ、呼吸数が2倍になっているはずです。次は意識を各チャクラに下げ、同時に呼吸もペースを落としていきます。頭頂（第7）チャクラから基底（第1）チャクラまでエネルギーを流しましょう。このステップには2分間ほどかけます。

ステップ5

喉（第5）チャクラに移ります。

ステップ8

静かに立って、身体を動かしたり伸ばしたりしてほぐします。第1チャクラに戻り、再び呼吸を上げていきます。これを3回、全部で45分間以上かけて繰り返します。

ステップ9

呼吸の上下を3回繰り返したら、腰を下ろし、目を閉じて15分間黙座します。身体の中で何か変化がないか、注意して見守ります。

風邪とインフルエンザに効くレイキ

風邪やインフルエンザにかかるのは、何かが重荷になっていて、身体のシステムがストレスに苦しんでいるサインであることが多いのです。そんなときは一休みして自分自身のために過ごす時間が必要です。身体があなた自身の注意を引きたがっているのですから。レイキは、こういう状態に理想的なヒーリング法で、エネルギーをもたらして元気づけてくれます。痛みを伴う症状をやわらげることも可能ですし、多くの場合治癒が促進されます。

朝と夜に30分間、欠かさずレイキで自己ヒーリングをします。ベッドで横になるか、腰かけた姿勢で行って下さい。

ステップ1

まずヘッド・ポジション1、2、3、4（参照→P.56～57）で頭にレイキを送ります。
これらは副鼻洞と内耳の炎症を鎮めるポジションですが、ヘッド・ポジションはどれも頭重や頭痛によく効きます。

ヘッド・ポジション1
両手を目の上にあて、手のひらを頬骨に置きます。

ヘッド・ポジション2
両手で頭の両側、耳から上を包み、こめかみに軽く触れます。

ヘッド・ポジション3
両手を頭の両側にあて、耳を覆います。

ヘッド・ポジション4
丸めた両手で後頭部を包みます。

ステップ2
喉の両側に手をあてます。これはリンパ節をケアしてリンパ系を強化し、喉の痛みをやわらげる効果があります。

ステップ3
これは胸腺を刺激するポジションです。免疫系とリンパ系の強化に使います。ここに10分間ほどレイキを送ります。
両手を身体の前面、鎖骨の下に置き、指先で胸骨の上部中央に触れます。
同時にバッチ・フラワー・レメディ（参照→P.38）も試して下さい。ウォルナット、オリーブ、クラブアップル、クレマチス、ホーンビーム、マスタードのレメディを混ぜたものは内的な浄化とヒーリングを強化・促進します。コップ1杯の水に各レメディを3滴ずつ落とし、1日何回かに分けて飲みます。これを5～10日間続けてください。

ナーダブラーマ瞑想

このハミング瞑想は強力な鎮静・ヒーリング効果があります。チベット発祥の古い瞑想法で、もとはチベット僧が早朝に行っていましたが、思い立ったらいつでも、1人でも複数人で行うこともできます。早朝の場合は、瞑想後に15分ほど時間を取ってから日課に移るほうがいいでしょう。

ナーダブラーマ瞑想は3段階からなり、1時間ほどかかります。ステージ1と2の間はリラクゼーションを誘う瞑想的な音楽を流します。

ステージ1（30分間）

楽な姿勢で座り、目と口を閉じます。自分の声にゆったりと耳を傾けながらハミングを始め、そのバイブレーションを全身に浸透させます。身体を中空になったパイプに見立て、ハミングのバイブレーションでくまなく満ちあふれているイメージを描きます。特別な呼吸法は不要です。息を吐き出すときにハミングをすればOKです。

ステージ2（15分間）

ステージ2は2つのステップに分かれ、それぞれ7分半かかります。

ステップ1

両手を身体の前に持ってきて手のひらを上に向けます。次に手を円形に動かします。両手を前に突き出し、左右対称に大きな円を描いてから戻すようにするのです。これをごくゆっくりと、手が動いていないように思えるくらいの速度で行います。

ステップ2

7分半後、両手を返して手のひらを下に向けます。今度は反対方向に手を動かします。へそのあたりで手を合わせ、そこから両側に開いて、それぞれ大きな半円を描くわけです。エネルギーを受け取る感覚を味わって下さい。軽く身体を動かしてもいいでしょう。

ステージ3（15分間）

座ったままか仰向けで横になり、動かず、声も出さずにじっと静かに過ごします。

ナーダブラーマ瞑想（カップル用）

これはカップルのための応用編です。男女のエネルギーが作用し合うように、できれば異性で行うほうがよいのですが、同性のペアでも十分に効果があります。

一緒にハミングするとエネルギーが出会って溶け合い、一体になります。部屋のあかりは小さなキャンドル4本をともすだけにし、好きな香を焚きます。できれば瞑想中もずっと焚いたままにします。

ステージ1

相手と向かい合わせに座り、交差させた手を握り合います。裸になり、シーツで身体を覆ってもかまいません。目を閉じて30分間2人でハミングします。お互いのエネルギーが溶け合うのを感じて下さい。

ステージ2

ステップ1

両手をへその前に持ってきて、手のひらを上に向けます。両手を突きだして、左右対称に円を描きながら元の位置に戻します。エネルギーを放射する感覚を味わって下さい。

ステップ2

7分半後、手のひらを返して下向きにします。今度は反対方向に両手を動かします。へその前に手を持ってきて左右に開き、半円形を描いて戻ってくるようにします。エネルギーを受け取る感覚を味わって下さい。

ステージ3

腰かけたままか仰向けで横になり、動かず、声も出さずにじっと静かに過ごします。

このとき脚を互い違いに組み、相手の脚を握ります。

レイキでエネルギーをリフレッシュする

レイキで自己ヒーリングをするとどんなときも元気が回復し、心身を充電してくれます。毎日ケアすればリフレッシュ効果は目に見えて違ってくるでしょう。全体的に健康になり、免疫系が強化され、外見も心も生き生きとしてくるはずです。このヒーリングは、座るか横になった姿勢で行います。各ハンド・ポジションにおよそ3～5分間、全部で30分間ほどかけます。

ステップ1

楽な姿勢で座るか横になります。息を吐くたびに、身体が床の中へ深く沈み込んでいくようにイメージして下さい。

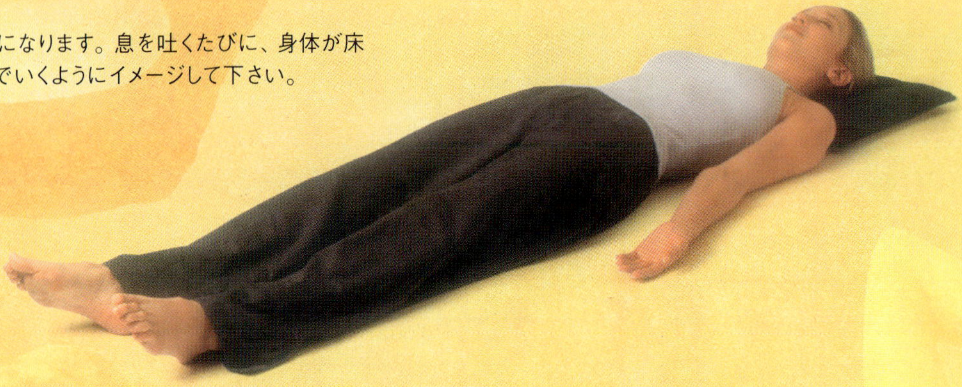

ステップ2

手のひらを頬に軽くあてて、両手で目を覆います。これは、ホルモン分泌を調節しリラックス感を左右する下垂体と松果体のバランスを取るポジションです。

ステップ3

両手でヒーリーの頭の両側、耳から上を包み、こめかみに軽く触れます。これはストレスを軽減し、過度の精神活動を鎮め、心を落ち着かせる効果があるポジションです。頭痛を緩和する効用もあります。

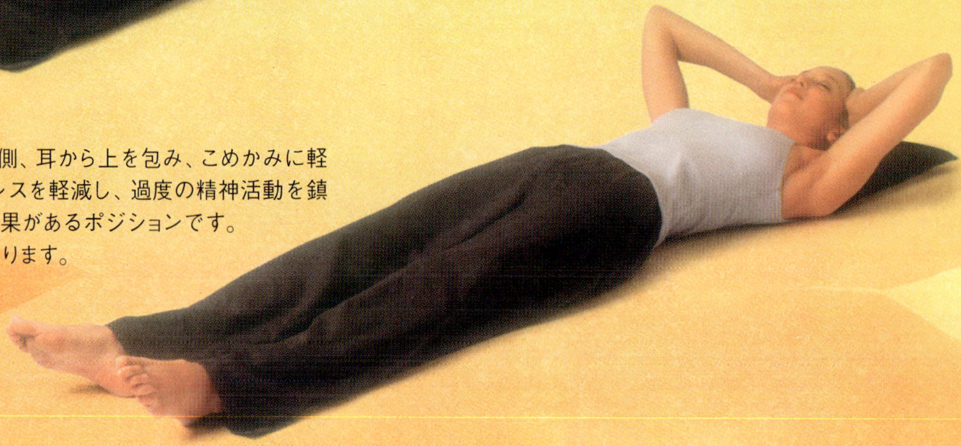

ステップ4

後頭部を丸めた手で包みます。安心感をもたらし、恐怖感と落ち込んだ気持ちを解消し、精神と感情を鎮めます。

ステップ5

両手を胸の上部の左右に置き、指先で鎖骨のすぐ下に触れます。免疫システムを強化し、心臓の状態と血圧を整え、リンパ液の循環を促すポジションです。虚弱体質を改善しネガティブな感情を前向きにします。

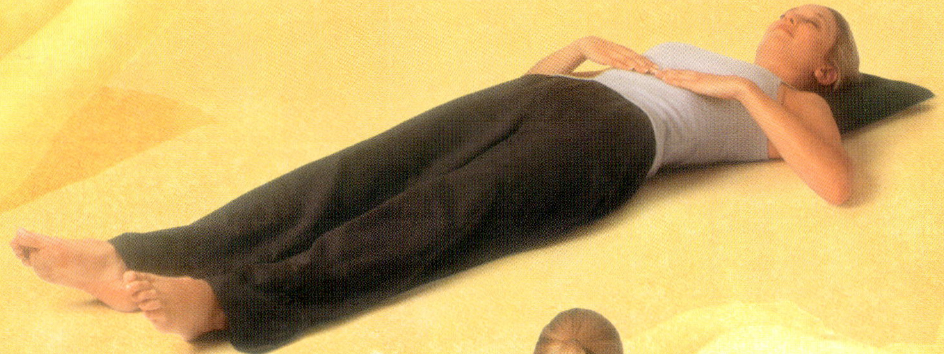

ステップ6

肋骨下部、ウエストの上にある太陽神経叢に両手を置きます。活力を復活させ、リラクゼーションを促し、恐怖感とフラストレーションを軽減するポジションです。

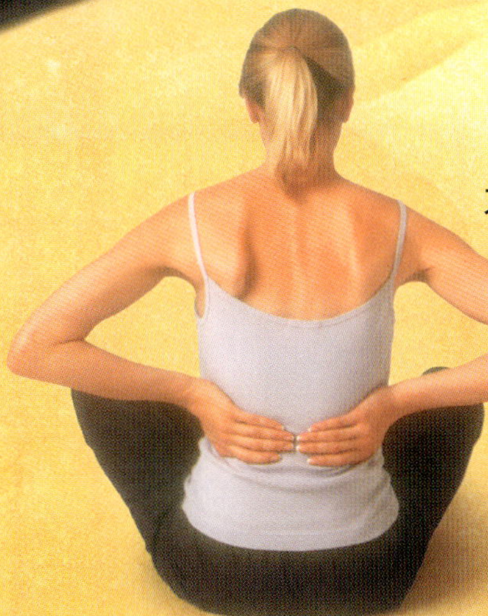

ステップ7

ウエストまわり(腎臓の高さ)に手をあて、指先を背骨に向けます。腎臓、副腎、神経を強化するポジションです。身体から毒素を排出し、リラクゼーションを促し、自負心と自信を高める効果があります。

ゴールデン・ライト瞑想

これは男女のエネルギーを利用した瞑想法です。金色の光を思い描くと身体を浄化し、創造力で満たす効果があります。こちらは男性的エネルギーです。闇を思い描くと受容的になって落ち着き、安らぎがもたらされます。こちらは女性的エネルギーです。

この瞑想法は1日2回行います。一番よい時間は早朝のベッドから出る直前です。寝起き時はとても受容的で、精神もあまり働いていないからです。すっかり目が覚めたらすぐに瞑想を始めて下さい。朝に次いで適した時間は、夜、就寝前です。

瞑想中に眠ってしまっても大丈夫、効果は潜在意識にとどまって一晩中作用し続けます。

この瞑想は20分間かかりますが、3ヶ月ほど続ければ、通常エネルギーは性センターすなわち基底（第1）チャクラと仙骨（第2）チャクラに集まり、そこから上昇し始めます。この瞑想中にかけるのに適した音楽もあります。

ステップ1

仰向けに横たわって目を閉じます。息を吸いながら、頭から身体に光が差し込んでいくさまを思い描いてください。頭の上、頭頂チャクラから光を取り込むつもりで。太陽か月が頭のすぐそばに昇り、金色の光を頭に注ぎ込んでいるところを想像します。竹のように中空になった身体の奥へ金色の光が流れ込んで、足まで届き、つま先から出ていく様子をイメージします。

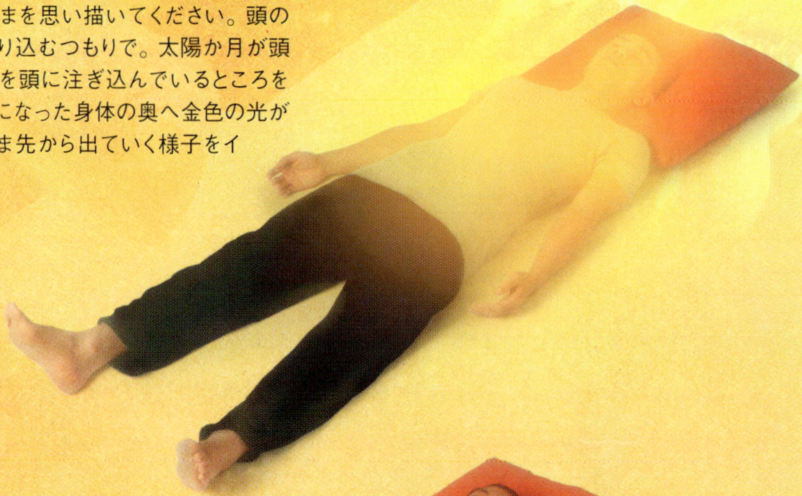

ステップ2

息を吐きながら闇がつま先から入ってくるさまを思い描きます。黒い大河か夜の闇がつま先から入って身体の中をさかのぼり、頭から抜けていく様子を想像します。時間をかけてイメージを描けるよう、ゆっくりと呼吸します。このイメージをしばらくとどめてください。息を吸うと光（男性的エネルギー）が流れ込み、息を吐くと闇（女性的エネルギー）が身体に流れ込む、これを繰り返します。

ノー・マインド瞑想

この瞑想には、自分が知らない言語を使います（“ナンセンス瞑想”も参照→P.44～45）。頭に浮かんだことを、特に意味のない言葉や音で表現するのです。この方法を用いれば、思考を抑圧せずに無にすることができます。

まず7日間、朝か夜に行います。1人でも複数人でもできます。瞑想の効果を実感できたら、必要に応じてさらに続けて下さい。

ステップ1（45分間）

楽な姿勢で座るか立ちます。目を閉じて意味のない言葉や音を発します。歌う、叫ぶ、大声を出す、語りかける、ささやく、つぶやくなど、どんな形でもかまいません。思考は必ず言葉を介してなされるため、意味のない言語を使うことで、思いが言葉の形を取って現れるパターンを遮断できるのです。身体でも表現したいことをすべて外に出しましょう。ジャンプする、キックする、横たわる、座るなど様々に動きましょう。瞑想中の他の人とコミュニケーションを取ったり、話しかけたりしてはいけません。

ステップ2（45分間）

目をつぶり、楽な姿勢で座ります。身体の内部で起こることを余すことなく見守って下さい。

ステップ3（5分間）

最後に身体から力を抜き、米袋のように後ろに倒れます。そのままじっと動かないで数分間リラックスして下さい。

ヴィパッサナ瞑想

ヴィパッサナは2,500年前にゴータマ・ブッダによって編み出された仏教の瞑想です。反応せずに呼吸・動作・身体・思考・感情・環境を見守るこの方法によって、数多くの弟子が悟りを得ました。自分自身を知り、自らと親しくなるように導く方法なのです。これによって目に映るものから超脱します――結果もなければ、特別なことも起こらない、何も望まない、そな状態になるのです。

瞑想法の1つとして、自分の身体・精神・感情・気分に意識を向けるやりかたがあります。そしてもう1つ、呼吸に注意を集中する方法もあります。女性はお腹が上下するのを感じて呼吸に集中するほうがやりやすいでしょう。男性は鼻孔から息が出入りするたびに起こる涼感を意識して呼吸に集中するほうが簡単でしょう。呼吸に意識を集中していると、思い・感情・判断・身体の感覚・痛みなどに気を取られることもあります。

折に触れて呼吸に注意を戻しましょう。重要なのは意識をする過程で、意識する対象ではありません。心に何か浮かんでも、こだわらずに受け流します。

瞑想は毎日あらかじめ決めた時間に40～60分間ほど行います。できればこれくらい時間をかけるのが望ましいのですが、最初は20分間ほど行ってみて、静座に慣れたら次第に時間を増やしていけばいいでしょう。床に座ってあぐらをかくか、椅子に腰かけます。背筋を伸ばして頭をまっすぐに上げ、できるだけ何かに寄りかからないようにします。1人でも複数人でもできます。まず目を閉じて、普通に呼吸します。できるだけじっと座り、どうしても必要なときだけ体を動かします。動く時はなぜ、どういう風に動くかを意識しましょう。

45分間静座した後、ウォーキング瞑想（参照→P.96～97）を15分間行います。

初心者のためのヴィパッサナ法

初めは20～30分間静座すればいいでしょう。静座になれたら少しずつ時間を延ばしていきましょう。

ステージ1

楽な姿勢で床に座るか、椅子に腰かけます。背筋を伸ばし、肩から力を抜きます。片手はへそにあて、呼吸の度にお腹が上下するのを感じて下さい。この状態で5分間、吸うときに"吸う"、吐くときに"吐く"と心の中で言います。これは心を呼吸に集中させるのに役立ちます。鼻孔に注意を向けている場合は、息が鼻孔をくぐるときに同様にして下さい。

ステージ2

膝に両手を軽く置きます。思考に“名をつけ”て見守り、把握します。浮かんできた思いに名前をつけるのです。たとえば食物のことを考えたら“食べもの”、映画について考えたら“映画”、犬なら“犬”などとするわけです。名づける際は1語にし、2回心の中で言います。5〜10分間行ってから、この段階自体も自然に収束させていきます。

ステージ3

今度は起こることに余さず注意を払います。思い・感情・身体の感覚・判断・痛み・外界から受ける印象などが含まれます。折に触れて呼吸に意識を戻しましょう。

上級瞑想家のためのヴィパッサナ

これは“呼吸と呼吸の間隙を見つめる方法”としても知られる瞑想法です。ゴータマ・ブッダも試した瞑想で、仏教では“アナパナサティ・ヨーガ”と名づけられています。

やりかた

まず吸う息に意識を向け、次に呼吸と意識を同調させます。息が体内に流れ込むときはあなたも中に入ります。息を吐くときはやはり呼吸とともに出てきます。このとき意識を研ぎ澄ませて下さい。吸う、または吐く呼吸に転じる前に、間隙——呼吸をしていない瞬間があるはずです。この間隙をとらえるのはなかなか難しいのですが、意識的に呼吸をする練習を続ければ、不意にこれだと分かるはずです。意識が深く強烈になれば、呼吸が内にも外にも向かわず完全に止まっている瞬間が実感できます。これが“賜物”です。

ヴィパッサナ・ウォーキング瞑想

通常、歩いている最中は心がとても活発に働いています。無意識のうちに体を動かしているくらいです。何らかの原因で足を止められて初めてそれに気づき、我に返るのです。歩いて、その一挙一動を意識すれば、それは瞑想になります。緊張を解き、心を鎮める効果があるからです。この方法は、地面に触れる足を意識するのが基本です。円を描くように、または10〜15歩直線的に前後に歩きます。屋外でも野外でも行えます。

やりかた（15分間）

地面に触れる足に意識を集中させながらゆっくりと歩きます。視線は地面に向け、ほんの数歩先だけを見ます。両手をハート・センターに置いてもいいでしょう。歩きながら、足を下ろす際の地面との接触に注意を払います。ゆっくりとした動作で歩きながら、右足が接地するときに"右"、左足が接地するときに"左"と言ってもいいでしょう。何かに気を引かれたら、それを心にとめてから足に意識を戻します。

ジェネラル・アウェアネス
(全体的な意識を高める)瞑想

どんなことでも見守る対象になります。動作はもちろん、食事・食器洗い・家の掃除・雑談・ジョギング・ダンス・読書など日常のひとこまも瞑想になるのです。
歩いたり食事をしている間、シャワー中でも自分の動作と身体の感覚を意識しましょう。意識を研ぎ澄ませるのです。
瞑想によって日常生活の質を高めることができます。

ナタラジ・ダンス瞑想

これはダンスに没頭できるようにする瞑想です。ダンスと溶け合い、融合するのです。自我の中心、すなわち踊り手であることを忘れ、ダンスそのものになります。ダンスと踊り手の垣根が取り払われたとき、それは瞑想になるのです。完全にダンスと一体化したとき、ダンスはもはや“行うこと”ではなく、“自ずと生じること”になります。自分と、自分のダンスを見守るのではなく、ダンスが自由にあふれ出るのに任せるのです。ただ自分自身の生命エネルギーと戯れるのです。これはハプニング《起こること》であり、喜びの表現でもあります。この瞑想中にかけるのに適した音楽もあります。

ステージ1（45分間）

目を閉じて、憑かれたように踊ります。完全にダンスに没頭しましょう。踊っていることを忘れるくらいダンスに熱中します。動きを見たりコントロールしたりしてはいけません。ダンスが自由にあふれるにまかせます。そのうち自分がダンスそのものであるように感じ始めます。

ステージ2（20分間）

目を閉じたまま、すぐに横になります。身体を動かさず、黙って横たわります。

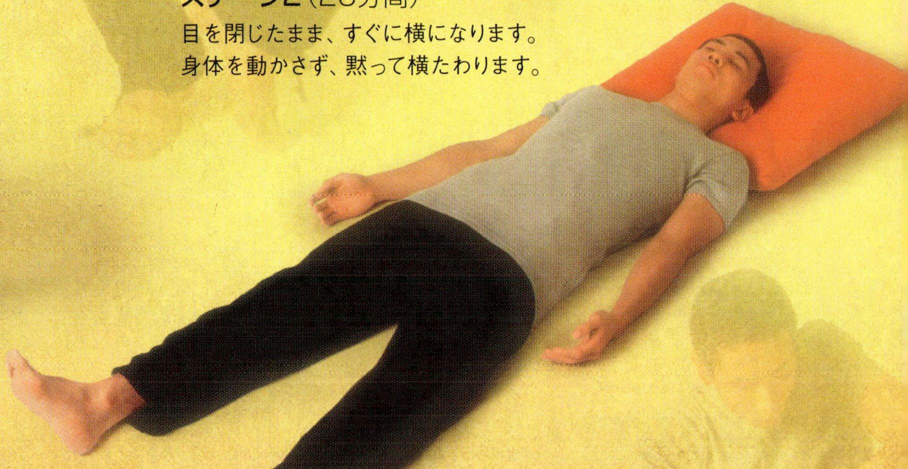

ステージ3（5分間）

喜びを表すように踊り、心から楽しみます。
陽気な気持ちでダンスをしましょう。
目は開いても閉じてもかまいません。

本当に瞑想的な者は陽気だ、
その者にとって人生は楽しいものなのだ、
人生はリーラ、遊戯だ。
その者は人生をこよなく楽しむ、
大真面目ではなく、リラックスして。

和尚　『The Orange Book』

マントラ瞑想

マントラはサンスクリット語の音節や言葉、フレーズで、癒しと高次の意識をもたらすように作られています。非常に古くからあるもので、その多くが起源も不明です。瞑想中に音やマントラを使うのは、上部チャクラのエネルギーを活性化し、高次のバイブレーションおよび意識に到達するためです。"オーム"と唱えると、その音との調和に満ちた一体感を感じるでしょう。まるで身体に音が入り込み、全身の隅々まで行き渡るような感覚です。新たなエネルギーを得て、活力が湧いてくるはずです。

オーム瞑想

この瞑想は1人でも、友人などと輪になって行うこともできます。立っても座っていてもかまいません。時間は自分の好みに合わせてよいのですが、10～30分間ぐらいがベストです。

ステップ1

"オーム"と声に出して唱えます。すると、次第にその音が身体に満ちていくのが感じられます。音に身を任せ、全身、心、神経系の隅々まで音のバイブレーションを浸透させます。"オーム"と唱えながら、身体の細胞の1つ1つまでその音で満ちていくのを感じ、音と自分を同調させて下さい。自分と音の調和感が深まるほど、微妙な快さが満ちてくるでしょう。

ステップ2

音との調和を感じ始めたら、"オーム"を心の中か、ささやくように唱えます。全身が音とともに揺らめくような気持ちで。音に浴し、毛穴が洗い清められるような感覚がするでしょう。次はさらにゆっくりと、もっと小さな声で唱え、意識を高めていきます。

ハミング瞑想

軽く口を閉じて低く太い音をハミングします。トーンは最後まで変えないようにします。ハミングのバイブレーションがハート・センター（第4チャクラ）と共振するように働きかけ、心身全体に安らぎをもたらします。1日1～2回、10～20分間行います（"ナーダブラーマ瞑想"も参照→P.88～89）。

エネルギーを取り戻す方法

私たちは日常生活の中で、それと気づかないまま絶えずエネルギーを放出しています。エネルギーの大半は、情報を吸収しようと視線を送るときに目を通して外に注がれています。つまりエネルギーは常に出る一方で戻ってはこないのです。普通は外に関心を向ける癖が身に付いていますから、エネルギーは出たまま失われてしまうのです。これはエネルギーを取り戻す効果のある方法で、とても役に立ちます。

ステップ1

鏡に映る自分の姿を眺めます。鏡像も見つめ返してくるでしょう。鏡像がこちらを見つめているように感じ始めると、エネルギーも戻ってきます。最初ははっきりと分かりませんが、エネルギーに変化が起こったのに気づくはずです。強力なパワーのようなものが流れ込み始め、エネルギーが戻ってきます。力が湧くのを実感して下さい。

ステップ2

数分間バラを眺めます。次にバラからも見つめてもらいます。エネルギーの変わりようと、バラから受け取るものの大きさに驚かされるはずです。思いが内側に向き、やはりエネルギーが戻ってきます。木や月、星などほかの自然物でも同様にしてみて下さい。

ステップ3

友人か恋人・伴侶などの目を見つめます。相手を眺めていると、相手からエネルギーが返ってくるのを感じ始めるでしょう。エネルギーの変化に注意してみましょう。同時に見つめ合えば、双方とも心身に活力が湧くはずです。

フル・ムーン瞑想

この瞑想を行うと月の静けさと穏やかさで満たされ、心の底から満足してリラックスできます。月が放つ神秘的な力が入り込んであなたを捉え、エネルギーを引き込ませるのです。この瞑想は満月の3日前に始め、さらに満月の当日に行います。月に話しかけたり問いかけたりしてもいいでしょう。おそらく答えが返ってくるはずです。自由に身体を動かして思いを表現して下さい。

ステップ1
野外に出て月を見つめ、身体を揺らし始めます。

ステップ2
少しずつ月のエネルギーを身体に受け止めます。月に憑かれたような気持ちで。静かに身体を揺らし続けます。左右に身体を振り、腕も思いを込めて動かしましょう。

ステップ3

月を見て身体の力を抜き、
この身を任せます、と月に託します。

ステップ4

歌いたいと思ったら歌い、踊りたいと感じたら踊りましょう。
湧き出るものを抑えずに出してやりましょう。
月が満ちて行くにつれ、強いエネルギーを感じるようになります。満月の夜は身体をゆらしたり、歌ったり踊ったりして屋外で1時間ほど過ごします。月にすべてを預けた気分で。

気分をコントロールする

自分で自分の気持ちの変化に悩むことも多いものです。内なる中心《センター》に立ち戻って肩の力を抜き、“これも一時《いっとき》のこと”と納得するまでは心ここにあらずという状態なのです。以下にあげるのは、流転を繰り返す世の中について深い洞察を与えてくれる話です。

日々の暮らしに不満を募らせた王が、スーフィー教の霊覚者に指輪をねだりました。そのリングはつらいときに見ると楽しくなり、楽しいときに見るとがっかりするというものでした。王が本当に望んでいたのは、自分の気持ちをコントロールすることだったのです。その指輪にはめ込まれた宝石の裏には、ある言葉が彫ってありました。彼は王に指輪を渡しながらこう言いました。“この指輪を差し上げるにあたり、1つだけ条件があります。指輪の言葉を見るのは、万策尽き果てたときだけにして下さい。さもないとメッセージの本当の意味がお分かりいただけません”王は言われたとおりにしました。ある時、敵に攻め込まれた王は命からがら逃げ出しました。力の限り走りましたが、深い谷が行く手をはばみました。王はこのときとばかりに指輪を開け、メッセージを読みました。そこには“これも一時《いっとき》のこと”と書いてありました。

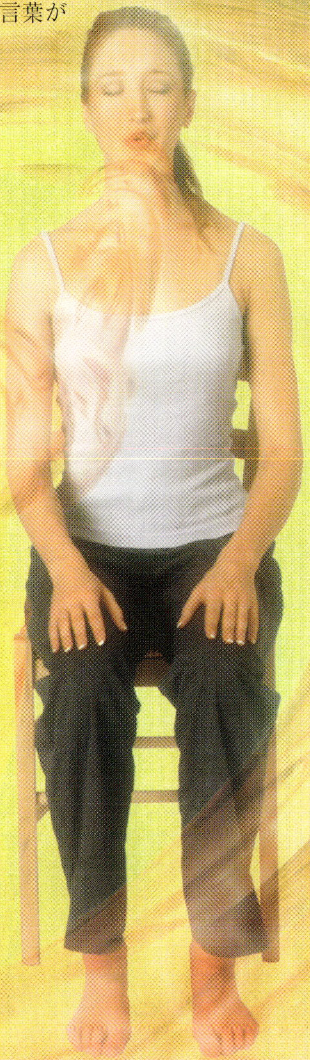

“幸せなときも不幸なときも、『これも一時のこと』という言葉を思い出しなさい。これさえ心得ていれば、自分の感情の犠牲者とならず、主人となれる”

和尚

気分をコントロールするエクササイズ

仕事を始める前の5分間にこのエクササイズを行います。新たなエネルギーが湧いてリフレッシュできます。

ステップ1

静かに腰かけてリラックスします。呼吸に注意を向けます。

ステップ2

息を吐くたびに暗い気持ちも吐き出します。これを意識的に5分間ほど続けて下さい。

飛行機で行う瞑想

機上では重力が減るため、瞑想も非常にしやすくなります。長い時間をやり過ごす方法としてもお勧めです。これは自分の内外にある茫漠とした広がりに浸るエクササイズです。雲や星、広大な空間に囲まれているのが感じられます。では、果てしなく拡張する感覚を味わってみましょう。

ステップ1
しばらくのあいだ、身体が大きくなり、飛行機内いっぱいにふくらむさまをイメージします。

ステップ2
さらに大きくなっていき、飛行機よりも大きくなります。あなたは飛行機を包み込んでしまいます。

ステップ3
自分が空全体に広がっているところをイメージしてみましょう。雲も星もあなたの中を動いています。あなたは今や果てしない無限の存在です。

愛を高める

よほど気持ちをコントロールしない限り、男女の関係には問題がつきものです。2人が強い力で引きつけられれば、"恋に落ちた"と言います。ところがこの誘引力そのものが、裏を返せば問題の元となるのです。

男性と女性は考えかたも表現のしかたも違いますし、お互いを理解できないことも珍しくありません。男性の世界観は女性とは異なるのです。双方がこの事実を頭に入れているなら、恋愛は相反する者同士の出会いであり、相手の視点を理解して吸収するチャンスにもなります。愛情を深めるには瞑想が役立つでしょうし、瞑想がうまくいけば愛がさらに育まれるでしょう。

瞑想をすると、愛に冷静な視点と思いやりが生まれます。パートナーとともに座って瞑想すると、相手の一番奥深くにある核とつながります。そうすれば瞑想を通じて、異性という相対する存在を直接理解することもできます。その他、自覚、落ち着き、忍耐強く話を聞く態度、お互いを理解しようとする余裕なども得られるはずです（"ナーダブラーマ瞑想"も参照→P.～89）。

1人で行うエクササイズ

ステップ1

1人で座ります。パートナーとの間に抱えている対立や問題を思い浮かべます。では、相手に成り代わり、相手の立場に立ってみましょう。あなたが女性なら男性の視点に、あなたが男性なら女性の視点に立ってみて下さい。

ステップ2

以下のように口に出してみます。
"私は○○（相手の名前）です"
"私は○○な服装をしています"
"私の仕事は○○です"
"今私のいる状況は……（相手の視点から問題を述べます）"
"私は○○のように感じています"
"私のパートナーは私を○○のように考えていて、それに対して私は○○のように思っています"
このような調子で、必要に応じて他のことについても続けましょう。

ステップ3

自分に戻り、何かひらめくことがあったかどうか確認してみましょう。

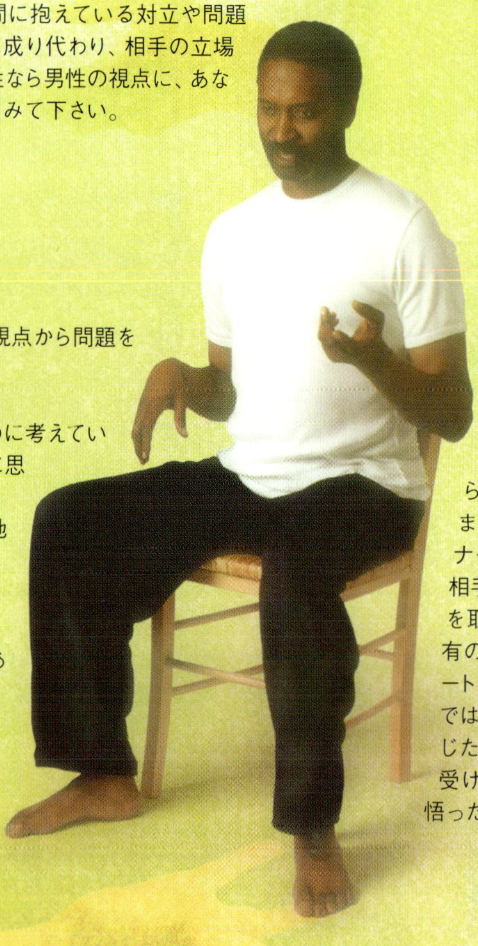

一緒に行うエクササイズ

これはユーモラスなエクササイズで、時や場所を問わず行えます。前もってエクササイズにかける時間を決めておきましょう。とりあえず5～10分間から始めるとよいでしょう。

まず、役割を交換します。あなたがパートナーに、パートナーがあなたになるのです。相手がよく使う言葉で話し、それらしい姿勢を取ったりジェスチャーを使うなど、相手特有の癖をあれこれ真似てみます。同様にパートナーもあなたらしく振る舞います。

では、お互いの真似をしている最中に何を感じたかを思い起こします。それをどんな風に受け止めたかも考えてみましょう。お互いに悟ったことを話し合って下さい。

クッションを使うエクササイズ

目の前に相手を象徴するクッションを1つ置き、もう1つのクッションに自分が座ります。2人の関係が普通のものではないと想像しましょう。霊的な道を共に歩む道連れだと考えるのです。男性と女性は1つの全きものが分かれた片割れ同士ですから、争いを解決する決め手はお互いを理解することなのです。

ステップ1

2人の問題について、相手(ここではクッション)と話し始めます。次に座るクッションを変えて役割交代し、パートナーになってみます。

ステップ2

"私は○○(相手の名前)です"と声に出して言い、"一緒に行うエクササイズ"と同様に続けます(左ページを参照)。

必要に応じて、いつでも役割を交代してかまいません。相手になりきって話すときは相手のクッションに、自分として話すときは自分のクッションに座る点にだけは注意してください。自分として話している最中に、相手に質問してもいいでしょう。ただしその場では答えず、クッションを座り変えてから答えて下さい。クッションを変えたときは、役割に慣れる時間をしばらく取りましょう。

注意: 思いがけない感情が浮かび上がってくるかもしれないので、心構えを。必要なら友人かカウンセラーに同席を頼み、サポートしてもらいましょう。

自分をリラクゼーションに導き、レイキを施す

これは、自らをリラクゼーション状態に導き、心身を癒すエクササイズです。前もって指示をテープに吹き込んでおきますが、各ステップの後に3分間、無音時間かリラックスを誘う音楽を入れます。または順番に各ステップを行い、その間ずっと音楽を流しておく方法でもいいでしょう。音楽はグレゴリオ聖歌、ディジャリドゥー(オーストラリア先住民の木製管楽器)演奏曲、倍音歌唱、マントラ詠唱などがお勧めです。

ステップ1

楽な姿勢で横になり、目を閉じてリラックスします。上に毛布をかけます。
数回深呼吸をして、息を吐きながら思いや身体の緊張を解き放ちます。息を吐くたびに身体が床へ深く沈み込んでいく感じを味わいましょう。

ステップ2

ここと思う場所か、何らかのサポートが必要だと感じる場所に手を当てます。レイキを身体に導き入れます。今度は自分の中に深く沈み込み、リラックスします(2〜3分間音楽をかけます)。

ステップ3

手をゆっくりと移動させ、そこにもレイキを施します（音楽を3分間かけます）。

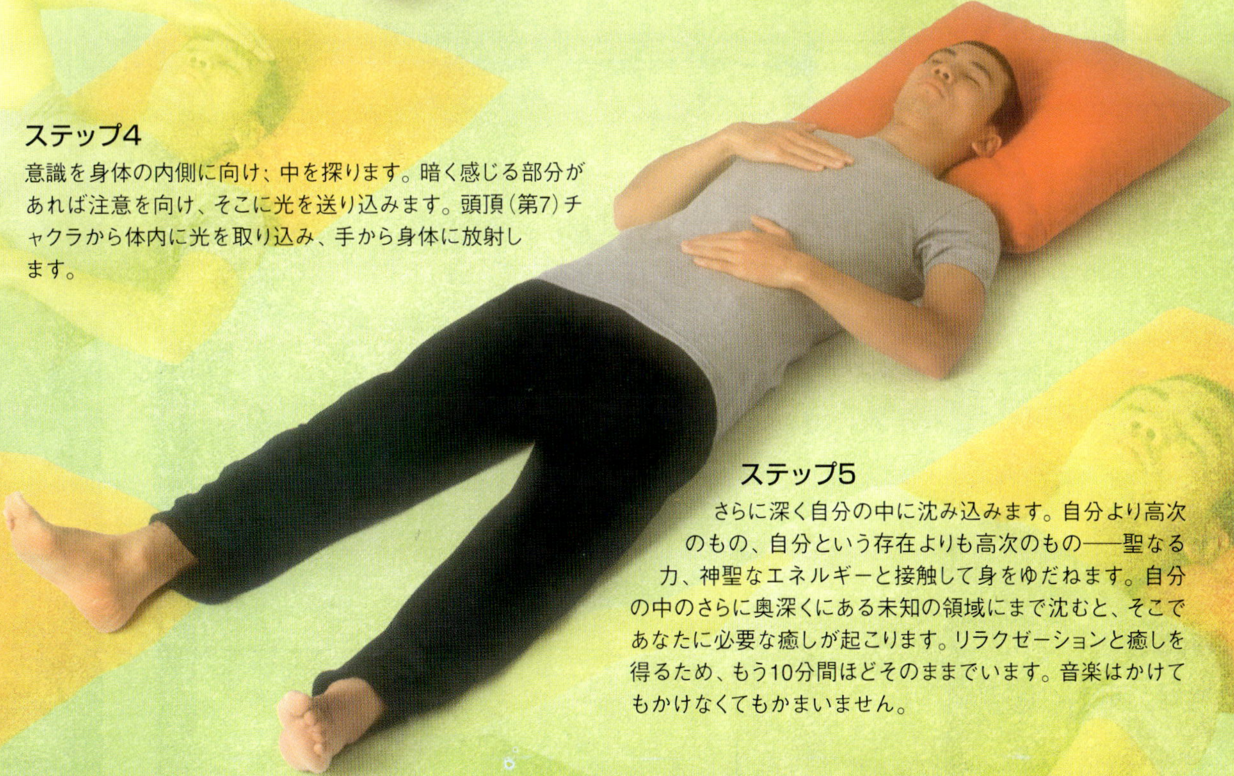

ステップ4

意識を身体の内側に向け；中を探ります。暗く感じる部分があれば注意を向け、そこに光を送り込みます。頭頂（第7）チャクラから体内に光を取り込み、手から身体に放射します。

ステップ5

さらに深く自分の中に沈み込みます。自分より高次のもの、自分という存在よりも高次のもの――聖なる力、神聖なエネルギーと接触して身をゆだねます。自分の中のさらに奥深くにある未知の領域にまで沈むと、そこであなたに必要な癒しが起こります。リラクゼーションと癒しを得るため、もう10分間ほどそのままでいます。音楽はかけてもかけなくてもかまいません。

第4章

自己ヒーリングの鍵は、自分の本当の姿を知ることです。
私たちは宇宙や神と一体の、
肉体をまとった光の存在なのです。

ヒーリングと魂の成長：高次元との結びつき

自分が肉体をまとった光の存在であり、宇宙や神、他の人々の真我とも一体なのだと分かり始めると、意識も変わり始めます。もっと自分の行動に責任を持ち、その結果を自覚する必要があるのです。最近では、思考や感情が健康を左右する事実が理解されつつあります。感情がブロックされるとそれは肉体に現れ、チャクラの働きや免疫システムに影響を与えるのです。

人間らしく生きていくには愛情のやりとりが欠かせません。自他に愛を注ぐのは心身の健康上とても重要なことですから、私たちはもっと情愛豊かになるよう努力しなければなりません。ただし、他人を心から愛するためにはまず自分を愛する必要があるのですが。愛情を表現する――それは私たちが学ぶべき重要な課題の1つと言えるでしょう。

また、病気の本当の原因をつきとめる必要もあります。新しい千年紀の到来とともに、人間の意識も新しい時代を迎えようとしています。ヒーラーや心霊能力者は、地上に次元の高い愛のバイブレーションが降ってきているため、人類の意識が変容しつつあると語っています。私たちは、ハートが開かれ、絶えず高次元との結びつきを意識している次の次元へと移行しつつあるのです。したがって、他人はもちろん自分も許し、恐怖心を変容させ、執着やフラストレーションを解消して否定的な態度を取るのをやめ、全体性（すべては1つであること）を理解する必要があります。私たちは無意識の中で万物は個別の存在と考えており、これは感情的な考えかたや拒絶、好き嫌いなどに形を取って現れます。ですが、こういう発想も廃れつつあります。手を取り合うか、それとも苦しみに甘んじるか、道は1つという状況に直面しているのです。私たちはともに手を携えて、安らぎ、愛、調和という集合的意識へと向かいつつあるからです。

レイキは1人1人を支えるパワフルなヒーリング法です。レイキを与え、受ける、それは天からの授かりもの、愛を分かち合うことです。レイキには孤独感を癒す効果もあります。それに、レイキを用いれば身体の波動を高めることも可能です。直観力が向上し、ハイヤー・セルフとのコミュニケーション・レベルも深まるのです。レイキと瞑想によって自分の意識を高めれば、ついには“自分の本当の姿”が明確に見えてきます。私たちは聖なる光の存在なのです。

秩序
レイキは調和をもたらすので、お互いに深い愛や思いやりを交わし合うようになれます。このページの背景にある“秩序”という言葉は、様々な要素が調和を保っている状態を表します。

レイキの五戒

レイキは臼井甕男先生（1864～1926）によって編み出されたものです。臼井先生が100年以上前に残した五戒には、今でも色褪せない深い意味が込められています。

最近まで西欧のレイキ学習者は、臼井先生について以下のように教えられてきました。

“臼井先生は京都の貧民窟で働いていたが、無料で治療を施しても感謝されないために深い失望を抱いた。社会に復帰し、普通の生活を送ることを浮浪者に望んでいたのに、かなわなかったのである。臼井先生は、社会復帰のためには生活態度を改めたいと本人が心から望むことが重要なこと、したがって施術過程に参加させねばならないことに気づいた。また、施術によって浮浪者の物を乞う生活態度をむしろ強めてしまった事実も悟った。

そこで彼は、施術に対して何かを見返りとして提供させないと、相手の人生に健全なバランスが保たれないことを理解した。これが時に“エネルギーの交換”と呼ばれるものである。臼井先生は貧民窟を後にし、本当に癒しを求めている者を探した。真剣な求道者には、自らを癒せるようにレイキの奥義を教えた”

ところが最近の研究によって、臼井先生は京都の大学に勤務する神父でもなければ、貧民窟で働いた事実もないことが分かりました。彼は仏教徒で、悟りを求めて生涯を送ったのです。レイキはそのための指針となりました。臼井先生は1923年に東京で起きた関東大震災の被害者の手当をし、その善行に天皇からお褒めの言葉をいただいたと言われています。

臼井先生は存命中に“臼井靈気療法学会”を設立し、初代会長に就任しました。彼の死後間もなく、学会によって東京郊外の西方寺に記念碑が作られました。碑文には、臼井先生の生涯とその目的の他、レイキ療法や五戒についても記されています。臼井先生は、この五戒を日常生活でも実践し、指針として従い、各人が心の中で観想して人生や思いに癒しをもたらすよう説いています。

五戒は一見とてもシンプルです。しかし、その深い意図を認識することが大切なのです。極めて重要なものなので、ここで五戒（今日だけは、怒るな、心配するな、感謝して、業をはげめ、人に親切に）を掘り下げ、隠れた意味を理解していきましょう。

1．“今日だけは、怒るな”

“今日だけは、怒るな”これは、自分の感情をもっと意識する重要性を指した指針です。私たちは誰でも心の中に怒りを秘めており、しかも怒りの本当の原因を認識していない例も多いのです。些細な理由で怒りが誘発されたりもしますが、本当の理由は無意識下にあるのかもしれません。たとえば、幼い子供がコップを壊したのをきっかけに、その子に募らせてきた怒りが爆発したように思えるケースもあるでしょう。しかし、本当は心の奥底で、自分に十分な関心を払ってくれない配偶者に腹を立てているのかもしれません。

感情の原因が何であれ、鏡に映る自分の姿をのぞくように、1つ1つの状況をありのままに見なければいけません。怒りを直接引き起こした相手が、その主原因とは限らないのです。怒りという感情の陰には、必ず心の傷が隠れています。小さい頃に要求が適切に満たされなかったための心の傷を抱えているケースもよくあります。したがって、自分の感情をもっと意識し、その責任を取る必要があるのです。第1のステップは、怒りという感情を認識し、コントロールすることです。第2のステップでその原因を見つけ、第3のステップで原因にきちんと向き合います。

無意識下の感情が数多く浮かび上がってきたら対処法を見つけなければなりませんが、この感情を表現する特別な瞑想法もあります（“ダイナミック瞑想”などを参照→P.64～67）。怒りを感じても後ろめたく思わないで下さい。怒りを抱え込まずに解き放つことを自分に許すべきなのです。

瞑想に慣れた人なら、感情を抑圧せずに見守ることができます。これが可能なのは、内なる観察者（参照→P.47、P.94～95）が十分に強靱なケースに限りますが、毎日瞑想を行えば内なる観察者を鍛えられます。瞑想すると、まず身体の感覚、喜び、痛みを見守れるようになります。次に自分の思いを、最後にもっと微妙な感情を見守れるまでになります。

自分イコール感情ではありません。自分自身と感情の間には距離を置くべきなのです。ただここで危険なのは、感情を見守り、コントロールしていると思いながら、実は抑圧している場合があるということです。常に抑圧を繰り返していると、そのうちに病気になってしまいます。これを防ぐには、自分自身を尊重し理解する必要があります。つまり自分自身とリンクし、自分を愛することが重要なのです。自分を愛すれば、それに応じて怒りなどのネガティブな感情を楽に解放できるようになります。怒りや強烈な感情を覚えるのは悪いことでも何でもありません。私たちを動かし続けるのもまた、そういう感情だからです。それでも、感情を意識して抱え込まないようにすれば、心身共にすっきりして元気が湧くでしょう。

ロシアの神秘主義者、グルジェフは子供の頃、死の床にある父から生についての極意を教わりました。少年のグルジェフに本当の意図が伝わるとは思っていなかったようですが、父親はグルジェフの耳にこうささやきました。"誰かに腹が立ったら、行動を起こす前に24時間待ってごらん。1日経ってまだ怒っていたら、相手のところに行って言うべきことを言いなさい"グルジェフは理解こそしませんでしたが、その言葉を忘れずにいました。成長したグルジェフは父親のアドバイスに従いました。すると、いくら激怒していても、たいていは数時間のうちに怒りがおさまることに気づいたのです。そして24時間経つと相手の視点に立てるようになり、時には相手が正しかったと認められるまでになりました。24時間経っても相手が間違っていると思ったら、そこで初めて話をしに行ったそうです。

ストップ・エクササイズ

これは意識と、運動中の注意力を高めるエクササイズです。体を動かしているときに注意を払うと、何をしていても"今に打ち込める"ようになる効果があります。

日常の行為にこのエクササイズを取り入れて下さい。たとえば顔を洗っている最中でも、思い立ったらその場で"ストップ"と声に出します。そこで動作をぴたりと止め、完全に静止します。30秒ほど経ったら動作を再開します。これを少なくとも1日6回以上行います。もっと増やしてもかまいません。

2. "(今日だけは)心配するな"

"(今日だけは)心配するな"——第2の指針の意図は、心配の正体を見届けよということです。不安の原因はいったい何でしょうか。不安は、つきつめれば他の人々や宇宙全体からの疎外感に端を発します。不安はネガティブな信念で、自分自身やあらゆることが信頼できなくなります。つまり、きっとうまくいかないと先を憂い、あのときは失敗だったと過去を悔いてしまうのです。

過去の体験を悔いるなら、そこから学ぶべき教訓を得て、また前進すればいいのです。先のことを心配するのも無意味です。未来のことなど分からないのですから、怖いのは当たり前です。誰でも人生の安泰を願うものですが、それは本質的に不可能なのです。だからこそ一瞬一瞬が新鮮で胸が躍り、予測のつかない冒険になるのです。

自分と人生を信じ、神と人生に愛されていることに自信を持って下さい。

すると、結局はすべてうまくいくだろうと確信できるため、人生の波瀾に身を任せられるようになります。思わしくない状況にあっても、後になればきっと貴重な経験だったと気づく日が来ます。

不安は身体に緊張とストレスをもたらします。不安を覚えている自分に気づいたら、まずはそこから得られるものなどないことを自覚しましょう。過去を悔いてもしかたありません。もう過ぎてしまったのですから。未来を案じても無意味です。きっと心配するようなことは起きないからです。心配しても何の解決にもならないと分かれば、古い習慣のように、すぐにでも不安を手放せるでしょう。心配を募らせれば、自分を現在から、そして自分自身から乖離《かいり》させることになります。私たちは自分や人生のプロセスを進んで信じようとはしませんが、レイキと瞑想、祈りを通じて、自分の聖なる魂との結びつきを取り戻すことを学ぶことができるのです。

3. “感謝して”

“感謝して”。レイキの施術に先立ち、祈りの言葉か、癒しのためのチャネルとして使われる生命自身に感謝を述べます。私たちは他の生命から孤立しているわけではなく、人間も動物も植物も、宇宙の生命エネルギーを通じて結び付き合っているのです。これに気づけば、思いやりと愛が日々の暮らしに流れ込んできます。これが“感謝”の意味するところです。感謝とは、愛、思いやり、お互いを尊重する心が形を変えたものなのです。

今の時代、私たちは多くのことを当然と受け止めています。しかし、その軽重に関わらず、自分の身体・健康・おいしい食事・自然の美しさ・子供と過ごす喜びなど、感謝すべき対象は数多くあります。生命の何ものにも代え難い貴重さと、他から望まれてではなく、自ら望んで生まれこようとするその性質を心得えていれば、たとえ難局でも神からの授かりものとしてありがたく受け止められるはずです。生命そのものと、生きていることに感謝しましょう。そして、新しいことが起こるたびに“神意”という視点から感謝しましょう。そうすれば人生すべてが祈りになります。

4. “業を励め”

“業を励め”、この指針の隠れた意図は、自分自身に正直でいようと言うことです。自分の感情や願望、価値、信条、そして何よりも自分が聖なる存在であることを意識しましょう。誠実に生きるとは、ハイヤー・セルフと結びつき、明快な人生と生きるガイダンスを求めることです。

仕事に誠実であるということには、自分が本当にしたいことをするという意味も含まれます。仕事を楽しみ、心を込めて働きましょう。そうすれば自分を大切にできますし、自尊心も湧きます。どうしても好きになれない職に就いていると、病気になるなど、結局は自分自身を傷つけてしまいます。

自分に対して誠実なら、他の人に対してもより誠実になれるでしょう。誠実であればものごとが明快に運びますし、他の人との深い出会いが生まれます。これは人生の大切な要素です。出会いを通して私たちは成長し、学び合うからです。真実を求めようと常に心から思っていれば、他人に対してどんな投影(たとえば憎しみなど、感情などが自分にとって受け入れがたいものであるとき、それを無意識のうちに他者に移しかえる心の働き)をしているかも分かります。そんな投影を止め、自分自身の痛手や満たされなかった願望として正直に認識すれば、人生をきちんと見つめ直して、自分が今いる状況をありのままに受け入れられるようになります。そうなれば互いを尊重し合い、人間関係も深みと親しさを増していくことでしょう。

自分に正直に人生を生きるには勇気が要ります。正直に生きるとは、自分のために立ち上がり、他の人に利用されるのを拒むことに他ならないからです。しかし、そうして初めて自らの価値を認識し、自分を愛し尊重することができるのです。

5. “人に親切に”

“人に親切に”。レイキは無条件の愛のエネルギーです。私たちは皆、同じ源に端を発する存在で、それぞれ形やエネルギーバイブレーションのレベルが違うに過ぎません。自分または他者に向けられたポジティブなエネルギーにはヒーリング効果があります。ある意味では誰もが師であるとともに生徒で、学び合いながら成長しているのです。私たちは経験を分かち合い、学び、愛し、互いに支え合っています。つまりこの指針は、“どんなことからでも学ぶべし”という教えなのです。

偉大なスーフィー教の霊覚者、ハサンは死の床にありました。そのとき、弟子の1人がハサンの師は誰であったかをたずねました。“たくさんいた”ハサンは答えました。“たとえば犬だ。喉が渇いて川に赴いたとき、犬が1匹やってきた。犬も水を飲みに来たのだ。ところが川を見ると、もう1匹犬がいた。やってきた犬はひどく怯え、吠えたあげく逃げたが、よほど喉が渇いていたらしく、戻ってきた。そして、ついには怯えながらも水に飛び込んだのだ。もう1匹は姿を消した。その瞬間、それが神からのメッセージであると分かった。怖くとも飛び込まねばならないものなのだ”

両親や教師からも多くを学べます。親の行動に必ずしも同意できなくても、親もまたその親から影響を受けてきたことは分かるでしょう。責めずに思いやりある目を向け、自分のためにしてくれたことすべてに感謝しましょう。大切に思い、愛して尊重する、それが親に対するしかるべき敬意の表しかたです。

レイキの五戒を黙想する

このエクササイズを行えば、五戒1つ1つをより明確に、しかも直観的に理解することができます。日常生活に五戒をどう取り入れればよいかも分かってくるでしょう。エクササイズは約15分間行いますが、もっと長くてもいいでしょう。五戒1つ1つについて、日を変えてこのエクササイズを行います。

ステップ1

静かな場所を見つけて座ります。リラックスする時間をしばらく取ります。そばにペンと紙、または日記を用意して下さい。観想したい指針を五戒から1つ選びます。

ステップ2

目を閉じます。選んだ指針について、思いや感情が浮かび上がるにまかせます。その指針をあなたはどう受け取りますか？　指針について考えたことを書き出して下さい。

ステップ3

指針を声に出して言い、思いや感情を書き続けます。

ステップ4

静かに座り、無意識に対して協力してくれたことを感謝します。指針に関して浮かんだ思いや感情については、考察を加えません。

ガーヤトリー・マントラ

ガーヤトリー・マントラは、この世で一番古いマントラの1つです。その起源は不明ですが、そのパワフルなサンスクリット語の音節には叡智が秘められ、全生命に関する知識がこのマントラの中で生まれたと言われています。

ガーヤトリー・マントラの効果

ガーヤトリー・マントラを唱えると、真実に気づき、詠唱者ばかりか聞いている者までもが浄化されるようになっています。その音節を発音していると、様々な周波数や波長が作り出されます。すると詠唱者の神経系が鎮静され、身体のエネルギー場にエレクトロンがチャージされるのだと思われます。詠唱を続けると、パワフルな覚醒プロセスを通じて詠唱者に微妙な変容が起こります。さらに真剣にマントラを唱え続ければ、思考や感情の浄化、心の平和や明晰な意識の獲得、自分や他者の中の霊的な面との遭遇などが起こる場合もあります。

さらに、マントラはエネルギーを送ることもできます。このエネルギーは特に意識内に広がって影響を与え、悟りを得た状態をもたらします。

霊的なエクササイズとしては、通常108回マントラを繰り返しますが、無理なら9の倍数回唱えるのがいいでしょう。

ガーヤトリー・マントラを唱える

◆座ってサンスクリット語のマントラを唱え始めます。1人でもかまいませんが、グループのほうがいいでしょう。

◆マントラをよく知らない場合は目の前に書き記したマントラを置き、数回読んでから始めます。

◆テープをかけるか、慣れた人にマントラを唱え始めてもらいます。その詠唱に徐々に加わり、手をたたきます。好みで打楽器を使ってもいいでしょう。

◆マントラのエネルギーが作り出す高次のエネルギー・バイブレーションに“酔いしれ”ましょう。そうやってマントラのスピリットを取り込みます。思考や感情の浄化、心の平和や明晰な意識の獲得、自分の中の霊的な面との遭遇などが起こって来るでしょう。

◆身体から力を抜きます。詠唱のリズムに合わせて身体を揺らしましょう。または好きなように動いてもかまいません。

◆20～30分したら詠唱を止め、さらに10分間静かに座って、マントラの効果が浸透するのを実感して下さい。

“ガーヤトリー・マントラを唱えると、それは神への完全な供物になる。ガーヤトリー・マントラの周波数が周囲を浄化するのだ”

シャンティ・マイ
現代における導師

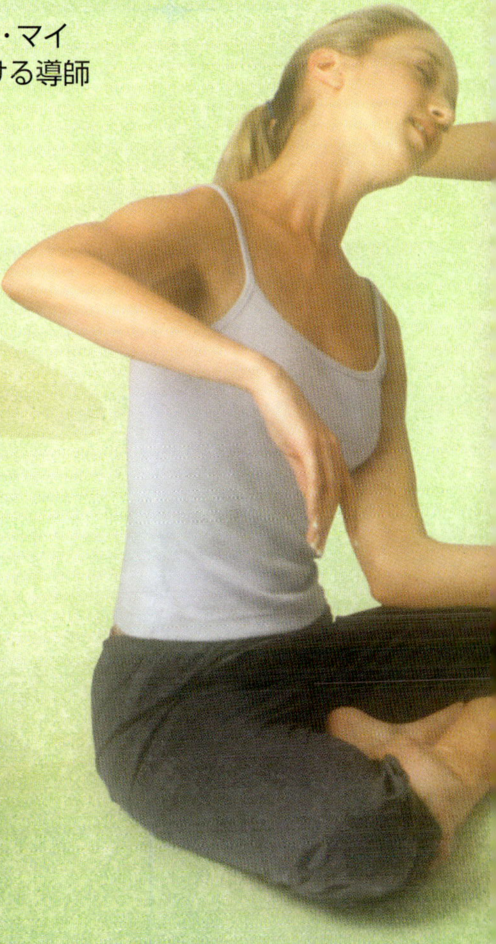

オーム　ブール　ブワッ　スワハ　タット　サヴィトゥール　ワレーニャム
Om bhur, Bhuvah svah, Tat savitur, Varenyam,

バルゴー　デーヴァッシャ　ディーマヒ　ディヨー　ヨーナ　プラチョーダヤート
Bhargo, Devasya, Dhimahi, Dhiyo yonah, Prachodayat

オーム　形あるもの、気の流れ、そして天の働き。
〔そのすべてに遍満する〕究極の聖なる「あの存在」の源は、なんと尊いことでしょう。

意識の光を、「あの存在」の聖なるまことを我らは瞑想いたします。
知性によって、我らに光が与えられますように。

（訳注：ガーヤトリーマントラには様々な解釈があり、
ここにあげた訳はその1つで、サイババの
『ギータ・ヴァヒーニ』という本によるものです）

レイキ・シンボルを使う

古代、シンボルとマントラは人々が互いにコミュニケーションを取るための道具でした。ところが長い間に日常生活からはシンボルが消え、主に宗教儀式でのみ使われるようになりました。マントラの音とシンボルの図形を組み合わせると、ある種のエネルギー・バイブレーションが生まれます。たとえばレイキ・マスターはシンボルとマントラを用いてアチューンメントを行います。アチューンメントの受け手の中にヒーリング・チャネルを開き、エネルギーの流れを増大させ、上部エネルギー・センター(チャクラ)により多くの宇宙生命エネルギーを流すには、シンボルとマントラが必要なのです。音とマントラを組み合わせると、チャクラのいくつかを振動させることができます。マントラを繰り返し唱えると(例:“オーム”については参照→P.100)、上部エネルギー・センターが活性化されます。

レイキのシンボルとマントラは一般公開厳禁で、セカンド・ディグリーとサード・ディグリーの受講者にのみ授けられます。したがって本書では公開できません。

アチューンメントとは

レイキのアチューンメントは他の手当て療法とは異なり、エネルギーを増幅した形で受講者に流します。これは宇宙エネルギーを流すチャネルを開く古代のテクニックです。宇宙エネルギーは受講者の頭頂から流れ込み、上半身を通って両手から出ていきます。この過程で身体のバイブレーション・レベルが増幅されます。フィジカル体は、数週間かけてレベルアップしたエネルギー・バイブレーションに慣れていきます。フィジカル・メンタル・エモーショナル・スピリチュアルの各レベルの深い浄化プロセスも起こります。

抑圧された感情

レイキのアチューンメントを受けると、様々な感情が浮かび上がってくるケースが頻繁に見られます。これは正常な反応で、よくあることです。うやむやになった問題、または抑圧された問題が存在を主張する場合が多いようです。どんなことでも、癒すためには表面化させて白日の下にさらさねばなりません。そのためには、こういう感情を認識することが大切なのです。時には感情を表現してから解放する形を取ることもあります。感情を解き放ち、きちんと落ち着かせるのに役立つ瞑想法もあります。

“集中力が増し、心が穏やかに落ち着き、直観力が増し、直観をもっと信じられるようになりました。むやみに心配しなくなり、人生の流れに身を任せられるようになったんです。それに自分に優しくなり、今では気軽に『ノー』と言えるし、それを後ろめたく感じたりもしません。前に比べ、自分で人生をしっかりコントロールしているのを実感できます。イニシエーション後に気づいたんですが、他の人を自分の領域に踏み込ませないようにするのがうまくなりましたし、重大な局面にあるときも全然動じなくなりました”

ドロシー

“心が落ち着いて心身共にリラックスできました。手を通じて、深い熱とピリピリする感じが伝わってきました。ごちゃごちゃになった頭を空にして整理し、全身をリラックスさせるべき時だったんですね。数時間後、新たに活力が湧いてきて、生きようとするエネルギーと熱意があふれてきました”

ジーン

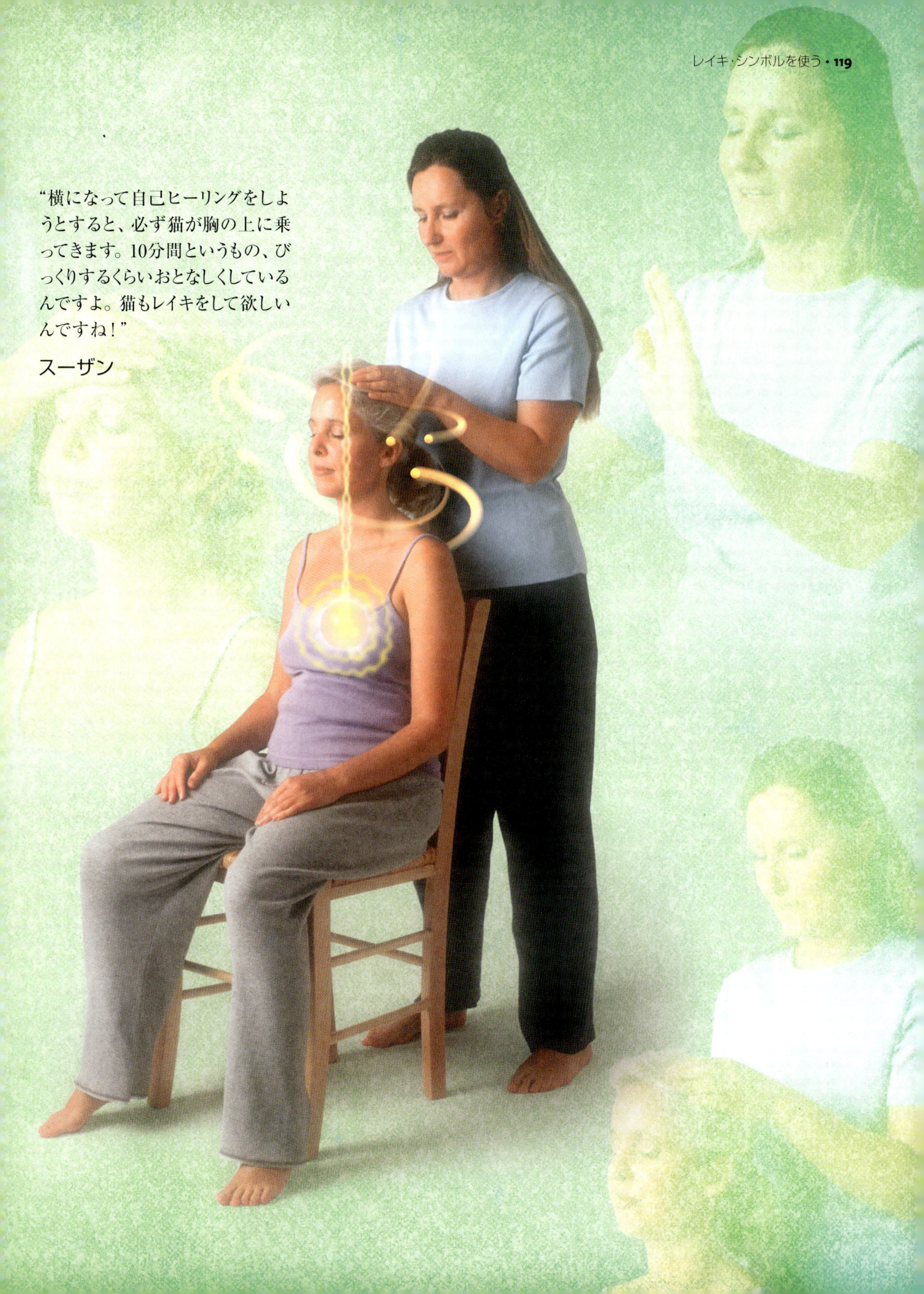

“横になって自己ヒーリングをしようとすると、必ず猫が胸の上に乗ってきます。10分間というもの、びっくりするくらいおとなしくしているんですよ。猫もレイキをして欲しいんですね！”

スーザン

第1のシンボル

レイキの第1のシンボルは、持っているエネルギーを全体的に活性化し、増幅します。エネルギーが不足している場合は条件を問わず使えます。たとえば身体のケアにも利用できます。フィジカル体のある部分に第1のシンボルを使えば、そこのエネルギーを刺激・浄化できます。このシンボルのバイブレーションは、直接エーテル体（参照→P.20～21）に作用します。エーテル体に第1のシンボルを投射すると、エーテル体はより高い周波数で振動し始め、フィジカル体から毒素を排出させます。一般的には、全身にナチュラルで調和の取れたエネルギーが流れるよう促すのが第1のシンボルです。

エネルギーの充電と浄化

第1のシンボルは、ものや部屋のエネルギー充電や浄化にも使えます。たとえばホテルに一泊するときや、クリスタルにも利用できます。また、レイキのヒーリング・セッションの前後に室内を浄化し、第1のシンボルが持つ純化バイブレーションで満たしておくのもお勧めです。食事の用意をしている最中にしばらく手をかざして第1のシンボルを投射すれば、食物の風味が増します。レストランなどで外食する際も、第1のシンボルを使えば食物のバイブレーションを変えたり浄化することができます。人の多い場所に行くときやバス・電車で移動する際などに、外部エネルギーから身を守るという使いかたもできます。また、シンボルを前方にイメージすればエネルギー的な防御スクリーンを作れます。

シンボルの使いかた

第1のシンボルを使うと、意識を高め、自分の内なる中心《センター》とコンタクトできます。レイキの施術前や瞑想前など集中したいとき、または重要な用件で電話をかけたり重大な決断を下すなど、問題について冷静な判断をしたいときは、このページのエクササイズを試して下さい。

エクササイズを終えたら自分の内なる中心《センター》に意識をとどめ、届いたメッセージや直観をオープンな気持ちで受け入れましょう。それから改めて踏み出せば、心身ともに落ち着いた状態でしかるべき行動を取れるはずです。

意識を高め、冷静な判断ができるエクササイズ

レイキの第1のシンボルを使います。

ステップ1

楽な姿勢で腰かけ、数回深呼吸します。息を吐くたびに、思いや身体の緊張も一緒に解放します。しばらくすると、リラックス感を実感できるはずです。

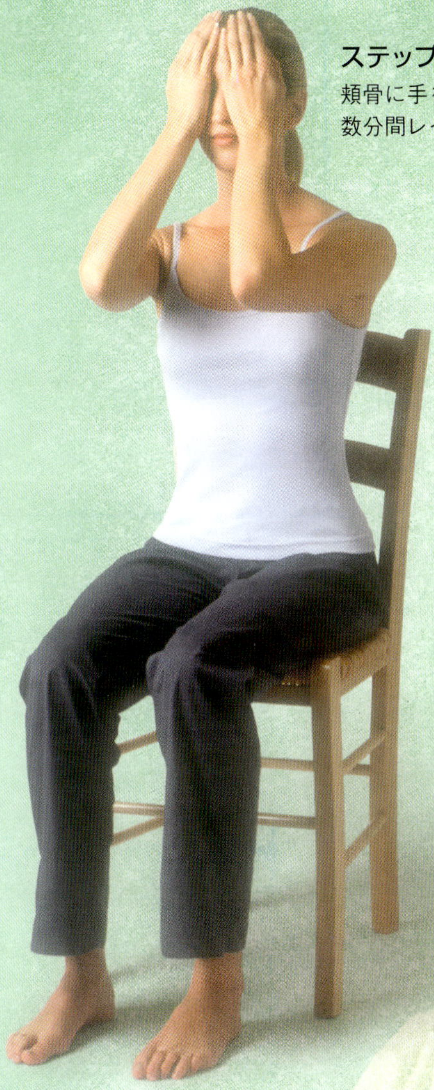

ステップ2

頬骨に手を置いて両目を覆い、
数分間レイキを施します。リラックスしましょう。

ステップ3

手を前に上げ、空中に第1のシンボルを描きます。金色に光るシンボルをイメージし、シンボルに対応するマントラを3回唱えます。このとき手は前に上げたままにします。手のひらから放射されるシンボルのエネルギーとバイブレーションが感じられるでしょう。3～5分間ほどそのままの状態を保ちます。シンボルのバイブレーションを受け止め、放射されるエネルギーを自分の内なる中心《センター》に導き入れて下さい。このレベルのバイブレーションは意識を活性化し、ものごとを明晰に見る目を養います。自分の内なる中心《センター》とのリンクを強化する効果もあります。

第2のシンボル

第2のシンボルはエーテル体とチャクラに調和・落ち着き・バランスなどをもたらします。このシンボルは特にメンタル・ヒーリングに用いられ、顕在意識・無意識・超意識（ハイヤー・セルフ）からなる心の3層を結びつけます。

隠れた領域

レイキのヒーラーはこのシンボルを使って意識の隠れた領域とコンタクトを取り、病気およびその他の問題の原因に関するメッセージや情報を得ることができます。恐怖心や依存症、その他の精神的な障害を、ポジティブな方向へ向けることも可能になります。メンタル・ヒーリングは、過去に行われた条件付けやプログラミングについて理解するまたとない機会であり、人生をもっと明確に見通せるよう導いてくれます。これこそが癒しへの重要なステップなのです。

自分にメンタル・ヒーリングを施すこともできます。そうすれば、自分の潜在意識やハイヤー・セルフとの結びつきも深まるでしょう。朝、目を覚ましたばかりのときか、夜、就寝前に行うのがお勧めです。

シンボルの性質と使いかた

第2のシンボルには、強力なリラックス・鎮静効果があります。フィジカル体に使うことも可能で、たとえば過剰な刺激を受けている部分に投射するという用いかたもできます。エーテル体がシンボルのバイブレーションを吸収し、エネルギーの滞りが解消されるのです。すると体内におけるエネルギーの流れがスムーズになり、バランスが戻ります。エネルギーの流れが著しくアンバランスなときは、少なくとも続けて3日間、シンボルを使ったレイキ・ヒーリングを施す必要があります。

第2のシンボルを使って、室内のエネルギーに調和をもたらすこともできます。たとえばパーティ後や友人たちと集まっておしゃべりに花が咲いた後などに使い、循環するエネルギーのバランスを取ったり、エネルギーを鎮めたりするわけです。また、1日中頭を使った後で、なんとか興奮を静めて安らぎたいと思うこともあるでしょう。そんなときも自分のエネルギーを整え、調和させるのに第2のシンボルが使えます。

レイキによるメンタル・ヒーリング

これは、セカンド・ディグリーのトレーニングを受け、秘伝のシンボルを授かった人のみが行えるテクニックです。実際の手順については、セカンド・ディグリーを指導する、正規のレイキ・マスターから教えを受けます。

メンタル・ヒーリングは深い感情に根ざした、または精神的な問題をケアする特別な方法です。このテクニックによって潜在意識と超意識（ハイヤー・セルフ）とコンタクトし、スピリットを通じてヒーリーを癒すことが可能になります。不眠症・依存症（アルコール依存症や摂食障害、喫煙、薬物中毒など）・抑うつ・いらいらに効果があります。

メンタル・ヒーリングを利用して、現在進行中の問題や病気の隠れた原因を浮かび上がらせることも可能です。ヒーリングには、潜在意識とコンタクトして“この問題の根底にある原因はなんでしょうか？”と質問する過程が含まれます。たとえば“膀胱の感染症”などと問題に名前をつけ、超意識に“健康を取り戻すにはどうすればよいでしょうか？”とたずねるのです。

理解をもたらす

相手の潜在意識や超意識とコンタクトすることで、その顕在意識に理解をもたらすこともできます。

“この問題の根底にある考えかたや経験は何でしょう？”とたずねると、相手の顕在意識は、無意識または超意識からこのメッセージを受け取ることができるのです。

エネルギーのバランスを取り、調和をもたらすエクササイズ

レイキの第2のシンボルを使います。このエクササイズを行う時間は就寝前がお勧めです。

ステップ1

楽な姿勢で腰かけるか横になり、リラックスします。後頭部の後ろに第2のシンボルを描いて下さい。金色に光るシンボルをイメージし、シンボルに対応するマントラを3回唱えます。

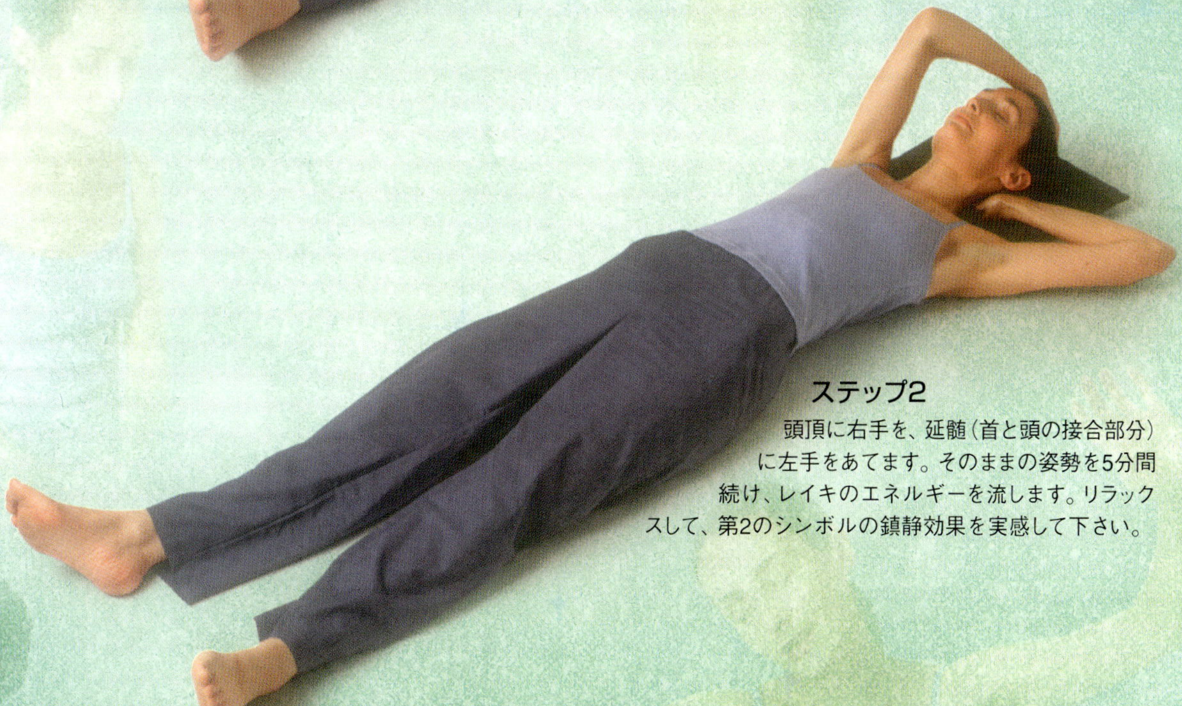

ステップ2

頭頂に右手を、延髄（首と頭の接合部分）に左手をあてます。そのままの姿勢を5分間続け、レイキのエネルギーを流します。リラックスして、第2のシンボルの鎮静効果を実感して下さい。

第3のシンボル

第3のシンボルはメンタル・レベルに作用します。直観を開き、“見る”能力を高めます。第3の目の(第6)チャクラと関係があり、目の前にいない相手にメンタル・レベルでヒーリング・エネルギーや思考を送る遠隔ヒーリングに用いられます。メンタル・エネルギーはバイブレーションであり、通常は無意識のうちに送られます。たとえば誰かに対して心配や怒りの念を抱くと、相手はその思いと付随するエネルギーを、誰かが自分に怒りを持っているとは知らないまま受け取ることになります。

この能力に第3のシンボルを合わせて使えば、エネルギーと思いをメンタル・レベルで意識的に送ったり、思いやりとヒーリング・エネルギーを届けたりできるようになります。第3のシンボルはヒーラーの第3の目に働きかけ、ヒーリーの第3の目とリンクします。ヒーラーとヒーリー双方のハイヤー・セルフがリンクした高次の意識レベルでコミュニケーションが起こるのです。

光の橋

遠隔ヒーリング中は、“光の橋”をかけるようにヒーリーへヒーリング・エネルギーを送ります。長距離をはさんでも気を送れるのです。メンタル・フォースはとても強力なものなので、遠隔ヒーリングの際はヒーリング・パワーも増幅されます。遠くにいても、ヒーラーは様々なエネルギーがヒーリーの身体の各部に流れ込むのをありありと感じ取ることができます。ヒーリーと面識がないのなら、写真を見せてもらいます。そのほうが相手の姿を描きやすいですし、ヒーリング・エネルギーを収束させやすくなります。

また、人や動物、植物はもちろん、被災地や戦地にもヒーリング・エネルギーと光を送れます。地球全体に平和と癒しの念を送ることも可能です。レイキの遠隔ヒーリングは死の床にある人に安らぎや覚醒意識、光をもたらす素晴らしい方法でもあります。特に、臨終時にそばに居合わせられない場合は遠隔ヒーリングが役立ってくれます。旅立つ人へ送る、あなたからのユニークな別れのあいさつとなることでしょう。

許可を得る

遠隔ヒーリングを始めるに当たって、必ず相手にヒーリングを受けたいかどうかをたずねます。そこで答えが返ってくるのを待ちます。絶対に意志に反してヒーリングを行ってはいけません。レイキを送るよう頼まれるまで待つのが一番でしょう。時間を超えて自分に遠隔ヒーリングを施すことも可能です。遠隔ヒーリングのきちんとした手順は、セカンド・ディグリーのトレーニングでレイキ・マスターから指導を受けて下さい。

距離をはさんでエネルギーを送るエクササイズ

遠隔ヒーリングを行う前に、できれば相手と前もって時間を約束して下さい。

ステップ1

ヒーリーのことを思い、相手の姿を鮮明にイメージします。あいさつをし、ヒーリングを受けたいかどうかをたずねます。

ステップ2

セカンド・ディグリーのトレーニングを受けた人は、第1と第3のシンボルを使ってレイキのヒーリング・エネルギーを送ります。受けていない場合は、相手に送りたいものを思い浮かべます。たとえば“あなたを愛し、信頼しています。あなたは魅力的な素晴らしい人です”など、ポジティブ、または愛情のこもった思いを送るのです。愛と光を送るだけでもいいでしょう。このヒーリング・エネルギーをメンタル・レベルで5～10分間送ります。

ステップ3

ヒーリングを終える前に、“何か他にできることはありますか?”とたずね、待ちます。答えが返ってきたら内容を確認し、必要に応じてヒーリングを続けます。もう1度愛と光を送り、ヒーリングを受けてくれたことを相手に感謝します。最後に別れのあいさつをして両手をこすりあわせ、リンクを断って締めくくります。

第4のシンボル

高次のエネルギーを受け入れてエネルギーのチャネルとなる能力を高めるのが第4のシンボル、すなわちマスター・シンボルです。このシンボルのエネルギーは穏やかで脈動するバイブレーションを持っていますが、非常に強力です。レイキ・マスターがアチューンメントで高次のエネルギーを流すのに使います。また、自己開発や瞑想のためにも使えます。そのバイブレーションには、ポジティブな力強いパワーが備わっています。真剣にヒーリングや真実、思いやり、瞑想に向き合っている者にのみ与えられることになっています。

レイキをより深く理解する

レイキ・マスターは、座して第4のシンボルを静思し、シンボルに内包されるバイブレーションを活性化して感じることが重要とされます。こうするとレイキ・ヒーリングをより深く理解できるようになるほか、ヒーラーとして高次のエネルギーとコンタクトし、高次のエネルギーを流しやすくしたり、高次エネルギーと一体化するのに役立ちます。

魂の成長を助ける

マスター・シンボルを使うと、魂の成長が促されます。私たちは人生で一番大切なことを心に留めておく必要があります。それは自己認識、すなわち自分の本当の姿を探り当てることです。本当の意味で"マスター"になるには、自分自身が悟りを得なければなりません。本当のマスターになるとは、真理や叡智、智恵と一体化した状態になるということです。そのとき、個人としての存在を越え、ネガティブな信条からも脱却しているでしょう。内なる光と真理を探しながら、私たちは1人1人が魂の旅を続け、自分の本当の姿を探す旅路をたどっているのです。

第4のシンボルによる瞑想

第4の（マスター）シンボルを使います。

ステップ1

リラックスした姿勢で、椅子か床に座ります。背筋を伸ばして肩の力を抜き、目を閉じます。手は膝に置いてもいいでしょう。

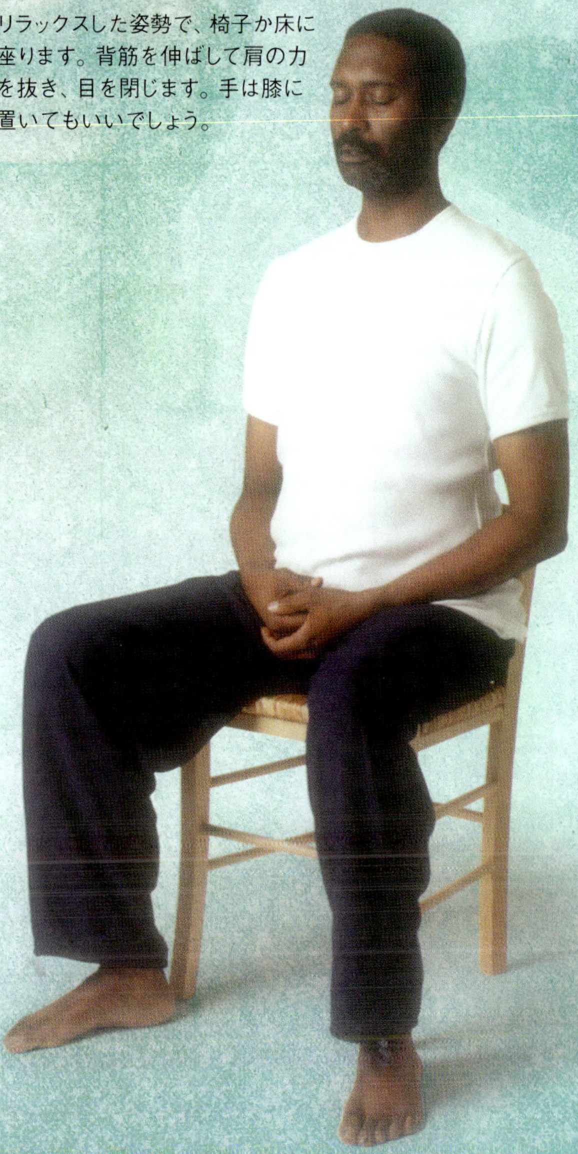

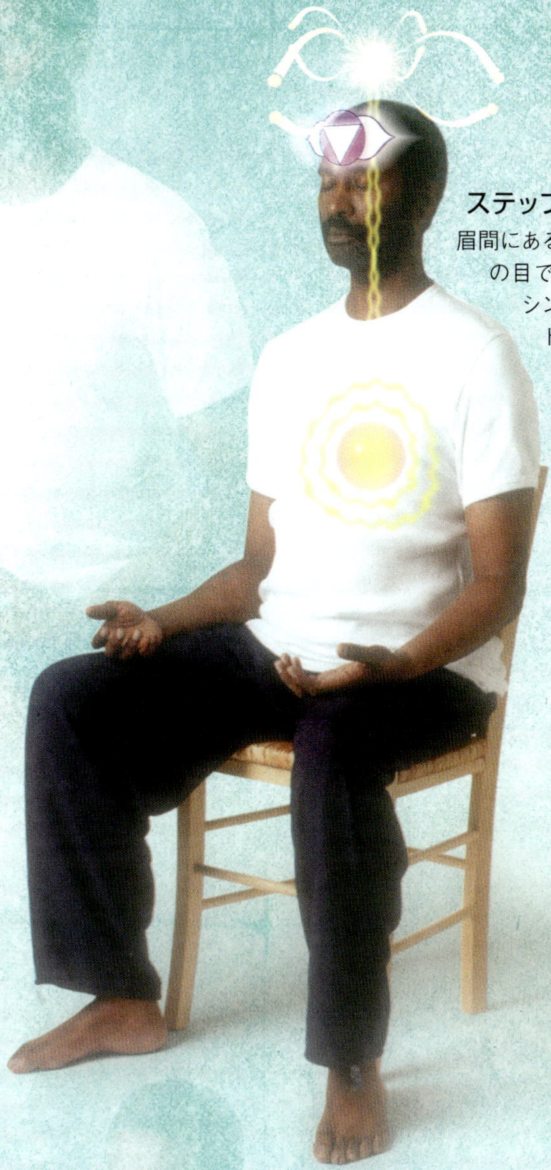

ステップ2

眉間にある第3の目（第6）のチャクラに集中します。第3の目で第4のシンボルを思い描きます。金色に光るシンボルをイメージし、シンボルと対応するマントラを3回唱えます。または頭頂（頭頂チャクラ）に金色に光るシンボルを思い描き、全身でシンボルを受け入れます。それからやはりマントラを3回唱えます。

ステップ3

シンボルのバイブレーションを実感し、その影響を注意深く感じ取って下さい。座ったままシンボルを思い描きながら瞑想します。時間は好きなだけ取ってかまいません。

結び

誰でもよりよい世界、平和で理解と調和に満ちた世界に住みたいと願っています。それなのに各地では混乱・戦争が勃発し、様々な災害も起きています。しかも状況は悪化の一途をたどるばかり、そんなケースも多いようです。この傾向に立ち向かうには、自らの中に平和に満ちた内なる中心《センター》を見出さねばなりません。そこから意識を広げれば、思いやりや愛、困難を乗り越える力を皆と分かち合うことができるでしょう。

本書の目的は、健康と全き心を求めるあなた自身の道程をサポートすることです。どのレイキ・エクササイズや瞑想法も癒しや心の糧となるはずですし、本当の自分を探し求めるのに役立つはずです。そうなれば深いリラックス感や、自分と人生そのものに対する理解と意識が得られるでしょうし、もっと人生を楽しみ、自分を心から愛して受け入れられるようになります。自分を愛せるようになれば、他の人に愛情を注ぐのも容易になります。

自分自身を愛するということは、自分の人生に責任を持ち、自らを癒せるようになるということです。病気の原因のほとんどが恐怖心や誤解に端を発するものと分かれば、誰もが"憎悪・偏見・不信感"を"愛情・強調心・未知なるものを受け入れる心"に置き換え出すはずです。1人1人が、自分の思いや感情を身の回りの人にもっとうまく伝える方法を学ばなければいけないのです。大切なことを言わないまま心にしまっておくと、生命エネルギーを押さえつけることになり、緊張やストレスが生まれます。率直で深い関係を結ぶには、誠実なコミュニケーションが必要なのです。本書に紹介した方法は、いずれも自己探究を深め、自分や他者に対して正直に、そして誠実になるのに役立つものばかりです。

今、霊的な成就がなされ、人間が変容をとげるべき時代の幕が開こうとしています。高次元からやってくるパワフルな力が人類に働きかけ、その真の姿を問い、真の姿に気づかせようとしているのです。事実、瞑想を行い、ハイヤー・セルフの内的な導きを得る人が増えています。これは自己ヒーリングや心身の健康に役立つ絶大なエネルギーを生み出す効果があります。外へと踏み出し、他者や地球を癒す前に、私たちはまず自分自身を癒さねばなりません。たとえ全人類のわずかな割合であっても霊的に覚醒すれば、愛と癒しのエネルギーが大量に解き放たれるでしょう。そうすればこの地球も、互いに平和・愛・喜び・調和を分かち合いつつ生きていけるところになるはずなのです。

私たちは神の秘めたる宝。
私たちは真珠に満ちた海原。
私たちは月の一部でありながら
魚にも至る。
私たちは天国の王座に座る者。

ジャラール・ウッディーン・ルーミー

瞑想ガイド

深いリラクゼーション状態のまま精神世界へ入れば、そこで内なるヒーラーに出会い、必要なものを余さず受け取ることができるでしょう。以下のページから、絵を1枚選んで下さい(この瞑想は20～30分間ほどかかります)。絵を見てリラックスします。次に目を閉じて絵に見つめ返してもらいます。絵が近づき、ハート・センターに入り込むさまを思い描き、そのままハートに溶け込ませて一体化させます。自分もその光景や状態に入り込むところをイメージしたら、絵が命を得たように動き出すにまかせます。その絵を通じて自分の心を探りましょう。絵が語る一部始終を見守り、感じ、聞きましょう。自分の内なるヒーラーが絵に現れるのを待ち、必要なものをすべて受け取り、調和と充足を得ましょう。その思いをいつも携えているようにするのです。そうしたらゆっくりと通常の意識状態に戻り、身体を動かしたり伸ばしたりして全身をほぐします。

(マグノ・シャヴディア(Magno Shavdia)はロシアのグルジア在住の著名な画家です。その絵は瞑想を通じて得られたビジョンを描いたもので、霊的世界とも深く結びついています。作品は世界中で公開されています)

ギヴィング・アンド・レシーヴィング

“静寂、自分自身との結びつき、心地よさ、リフレッシュ感、希望、自分を信じる思いが湧き、明日や明後日、その先のことをくよくよと考えず、自信を持って精一杯今日を生きようとする気持ちになりました”　サラ

ファイアリー・リーヴズ

“レイキは、ストレスいっぱいの慌ただしい毎日に平和と調和をもたらしてくれます。自分の内側へと導かれ、落ち着きと完全なリラクゼーションを経験できるんです。ポジティブなエネルギーに集中的に働きかけ、活力をもたらしてくれます”　ジェーン

ブロッサミング

“レイキは私の支えです—いつでも使えると思うと、とても心強く感じます。それに、レイキでヒーリングをしてあげたときの充足感が何ともいえず好きなんです。心と身体、魂を1つに結びつけてくれるのを実感しますね。本当に素晴らしい贈り物です”　ダイアナ

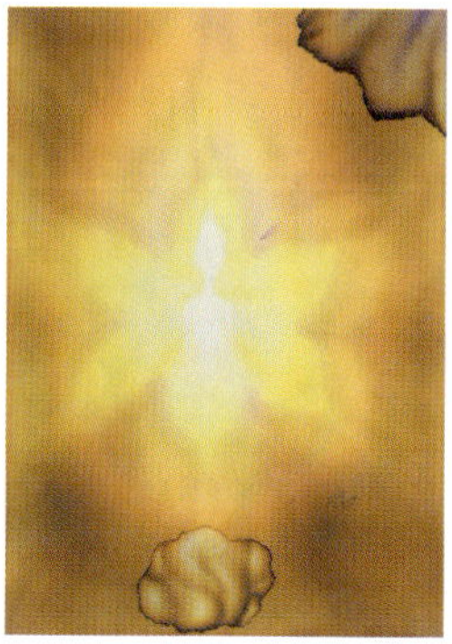

サマサティ(正念)

“私にとってレイキは自分をチャネルとして開き、宇宙の生命エネルギーを他の人にも流し、自己ヒーリングを促す手段です。それに混沌とした状態を明快にしてくれます”　エレーン

osho

OSHO

用語解説

アファーメーション
自分に望むポジティブな状態を述べる言葉やフレーズを指します。

アストラル体
心臓チャクラに対応する第4エネルギー体で、私たちはここを介して他者を愛します。

アチューンメント
レイキ・エネルギーの特別なイニシエーションで、別名エネルギー伝授。ヒーリング・エネルギーを流すチャネルをチャクラに開きます。

オーラ
身体を包むエネルギー場で、微細で目に見えない霊的な存在です。人間のオーラはキルリアン写真に撮ることができます。一番奥にあるエーテル体とエモーショナル体が一番見やすいようです。

信念
信念は成長過程で確立され、生活における行動や、自分自身および周囲に対する考えかたを左右します。これに気づかないでいることもままあります。

内なる中心《センター》
瞑想において意識を集中させる点で、丹田すなわち仙骨チャクラにあります。魂の源からリラクゼーションといたわりを得ることを可能にする部分です。

チャクラ
人間の微細体にある円形のエネルギー・センター。主要なチャクラ7つはエーテル体にあります。本書では基底(第1)、仙骨(第2)、太陽神経叢(第3)、心臓(第4)、喉(第5)、第3の目(第6)、頭頂(第7)チャクラと呼んでいます。“チャクラ”という言葉はサンスクリット語の“輪”から来ています。肉体レベルでは、各チャクラは内分泌腺とほぼ一致します。

チャネル
開かれた回路のようなもので、ヒーリングや高次の意識を得るためのエネルギーを流します。

遠隔ヒーリング
遠くにいる相手にメンタル・レベルでヒーリング・エネルギーと念を送ることです。ラジオやテレビの信号波のように、“黄金の橋”を架けるようにヒーリング・エネルギーを送ります。

高次元
お互いや万物との一体感を感じさせてくれる力です。

自我
私たちの中に存在する人格のことで、個体として自分と他者を分けるものです。

悟り
自らの神性を経験する、または神性を生きている状態のことで、真理と意識の会得を意味します。永遠不変の無私の状態です。

エモーショナル体
エーテル体とメンタル体のあいだにある身体のエネルギー場です。感情の状態に関連し、夢の中や体外離脱体験時のように、フィジカル体から離れることができると言われています。

エーテル体
フィジカル体に対応するエネルギー体で、チャクラはここにあります。

存在
生命そのもの、または創造主と呼ばれるもののことです。

ジバリッシュ
自然に発生する無意味な言葉で、決まった言語・思考パターンから心を解放するために特定の瞑想で使われます。

丹田
仙骨(第2)チャクラを表す日本語です。

ハイヤー・セルフ
私たちの中の聖性を持った部分。たとえばメンタル・ヒーリングの際にそこから導きを得ます。

輪廻
東洋の宗教観と哲学では、別の肉体をまとって何度も生まれ変わると信じられています。それぞれの生における死後、真理と悟りを得るまで生を受けます。

キルリアン写真
ロシアのS・キルリアンが開発した特別な技術で、写真によってオーラを確認できるようにします。

クンダリーニ
基底チャクラに眠るとされる微細なエネルギーで、各チャクラを通って上昇し、ついには頭頂に至ります。クンダリーニが目覚めると各チャクラが変容し、頭頂に至ると悟りが得られます。そうなると開放感を感じますが、精神的なショックを受けることもあります。

リーラ
"戯れ"を意味するインドの言葉です。"人生は戯れ"であることを思い起こさせるのによく使われます。

マントラ
微細なエネルギーを振動させる言葉や音声。瞑想やレイキによるエネルギー伝授の際に使われます。

瞑想
"何も考えない"状態。"内なる観察者"の目覚め。瞑想は現在に起こるものであり、"何も望まず、何もしない"状況そのもの。究極のリラクゼーション状態。

メンタル・ヒーリング
収束させたメンタル・エネルギーを送る、心を介したヒーリング。遠隔ヒーリングの形でも行えます。

霊覚者
悟りを得た状態で生き、覚めた意識の状態にある人のことです。

ノー・マインド(無心)
"何も考えない――思考せず心の動きもない"状態で、心がこの状態にあるときに"覚醒"が起こります。

前世
参照→『輪廻』。

サンスクリット
古代インドの言語で、数多くの現代語の源。ヒンドゥー教の聖典はサンスクリット語で書かれています。

スピリチュアル・ヒーリング
宇宙エネルギーを用いて相手を癒すヒーリング法です。レイキでは特別なアチューンメント過程を通じて履修者に高次のバイブレーションを起こしますので、そこが唯一スピリチュアル・ヒーリングとは違います。

微細体
"通常の"視覚では見えない体の部分。高次のバイブレーションに満たされています。何層にも重なったエネルギー場で、フィジカル体を包むとともに浸透しています。非常に精緻な周波数からなると考えられています。各微細体が持つ周波数域はそれぞれ異なり、性質も違いますが、いずれも全人としての発達と状況維持に欠かせません。

スーフィズム
イスラム教に端を発する、求道者と霊覚者たちのグループ。

超意識
私たちの中にあって、光に満ちた覚醒しているレベル。ものごとを明晰に理解したり見たりするハイヤー・セルフに相当します。直観または霊的導きとも言います。

シンボル
図形と名前(マントラ)からなります。レイキのシンボルは身体のヒーリング・チャネルに作用してバイブレーションを励起し、全身の波動を高めます。

宇宙の生命エネルギー
顕在する宇宙全体を構成し、目に見える者すべての根本にある基本エネルギー。

参考文献

Blome, Goetz, Mit Blumen heilen, Bauer Verlag

Brennan, Barbara Ann, Hands of Light, Bantam, 1988

Brennan, Barbara Ann, Light Emerging - The Journey of Personal Healing, Bantam, 1993

Distel and Wellmann, Wolfgang, Der Geist des Reiki, Goldman Verlag, 1995

Horan, Paula, Empowerment Through Reiki, Lotus Press, 1998

Honervogt, Tanmaya, Reiki - Healing and Harmony through the Hands, Gaia Books, 1998

Hall, Judy, The Art of Psychic Protection, Findhorn Press, 1996

Gerber, Richard, Vibrational Medicine, Bear and Company, 1988

Myss, Caroline, Anatomy of the Spirit, Bantam, 1997

Long, Barry, The Way In, Long Books, 2000

Osho, The Everyday Meditator, Boxtree, 1993

Osho, The Orange Book, Rajneesh Foundation International, 1983

Osho, Meditation, the First and Last Freedom, The Rebel Publishing House, 1995

Osho, From Medication to Meditation, C.W. Daniel Company, 1994

Petter, Frank Arjava, Reiki Fire, Lotus Press, 1998

Rumi, Mevlana Celaleddin, Crazy As We Are, Hohm Press, 1992

Zopf, Regine, Reiki - Ein Weg sich selbst zu vervollkommen, Weltenhueter Verlag, 1995

Zopf, Regine, Das Unsichtbare wird sichtbar, Die Energiekoerper des heutigen Menschen, Weltenhueter Verlag, 1993

Zopf, Regine, Das Unsichtbare wird sichtbar, Die Chakren und ihre Bedeutung fuer den heutigen Menschen, Weltenhueter Verlag, 1998

瞑想とレイキのための音楽

本書に紹介した様々なテクニックのための瞑想用音楽、レイキ用の特別な音楽、タンマヤのテープ（A Guided Self-Treatment）とCD（Heal Yourself with Reiki、英語とドイツ語）のお求めはSchool of Usui Reiki, PO Box 2, Chulmleigh, Devon EX18 7SS, tel: 44（0）1769-580899まで。

レイキに関する一般知識、その歴史、レイキのディグリー、レイキの基本ハンド・ポジション、レイキ・ショート・セッション、チャクラの調和法、レイキによるストレスの乗り切りかた、メンタル・ヒーリング、遠隔ヒーリングなどについては前書『レイキを活かす—人生を前向きにこのエネルギーパワーを生かす』（産調出版）をご覧下さい。

索引

あ

か

な

は

ま

著者からの感謝の言葉

私の人生をこんなにも豊かにしてくれた和尚に感謝します。本書には、私が和尚から得た智恵と豊かさが一貫して流れています。その創造的なアイディアとサポートに対して、ピーター・キャンベルにも感謝いたします。編集作業をしてくれたジョー・ゴドフリー・ウッドにも深謝します。自らのヒーリング経験を語ってくれ、レイキについてのコメントを本書に使わせてくれた、私について学んでいる生徒すべてにも御礼を申し上げます。和尚の言葉と瞑想法を本書に記載することを許可して下さったOsho International Foundation, New Yorkにも感謝いたします。素晴らしい絵を描き、本書のヒーリング瞑想用に提供してくれたマグノ・シャヴディアにも心から御礼を申し上げます。

出版社からの感謝の言葉

ガイア・ブックスから、本書の作成にあたり手を貸して下さった以下の方々と組織に御礼を申し上げます。モデルをつとめてくれたアレックス、シャルマ、ディアーニ、ケン、キャロン、編集作業を手伝ってくれたピップ・モーガンとスザンナ・アボット、インデックスを作成してくれたエリザベス・ウィガンズ、和尚著『The Everyday Meditator』、『The First and Last Freedom』、『The Orange Book』に記載されていた和尚の言葉と瞑想法を引用させて下さった、Osho International Foundation, PO Box 5235, New York 10150 (Osho International: www.osho.com)。

産調出版の本

カラーヒーリング
色彩が持つヒーリングパワーを活かす

テオ・ギンベル 著

色彩はどのように肉体を取り囲み、そして体内に浸透しているのでしょうか?
色彩のもつエネルギーに対する理解を深め、自らカラーセラピストとして生活を楽しいものにしていくための実践書。

本体価格2,900円

ピラーティス
エレガントでしなやかな身体をつくる新しいボディコンディショニング

アンナ・セルビー／アラン・ハードマン 著

呼吸を整えながら、普段使わない筋肉をひとつひとつ意識して動かす事により、全身を丈夫に伸びやかに美しくする。

本体価格2,800円

サウンドヒーリング
波動の響きがもたらす心と身体の調和

オリビア・デファスト・マドック著

音の本質とその波動エネルギーを理解するとともに、音を使った自己表現、発声、自然音による癒しを紹介。

本体価格2,800円

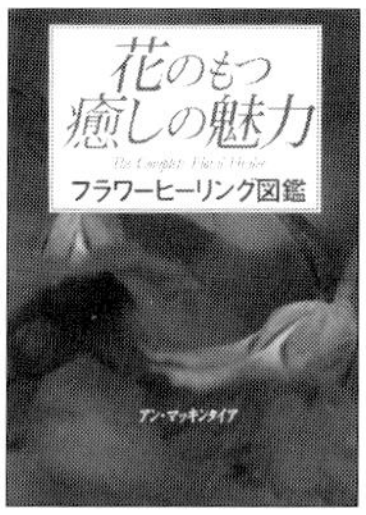

花のもつ癒しの魅力
フラワーヒーリング図鑑

アン・マッキンタイア 著

花のもつ"癒しの力"を、ハーバリスム(薬草学)、アロマセラピー、ホメオパシー(同種療法)、フラワー・エッセンスを通じて解説。

本体価格4,640円

水のヒーリング
水の本質を知り、人体のバランスと健康に活かす

チャーリー・ライリー 著

水と私たちのつながりを明らかにし、身体を癒し健康を維持するために、水に秘められたエネルギーを役立てる方法を紹介します。

本体価格2,920円

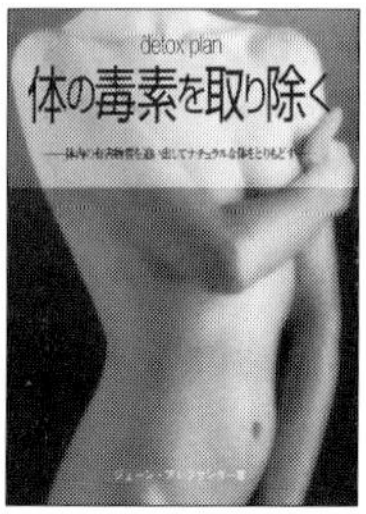

体の毒素を取り除く
体内の有害物質を追い出してナチュラルな体を取り戻す

ジェーン・アレクサンダー著

日常の暮らしに潜む有害物質やマイナスの感情から体を守るための、週末または30日でできるデトックス(解毒)・プログラムを紹介。

本体価格2,800円

木のヒーリング
人間と木、この2つのエネルギーの一体化から得られるもの

パトリス・ブーシャルドン 著

自分の内面を見つめ、発展させ、心・体・魂を癒していくために、木が持つパワーを見い出し、引き出す方法を解説。

本体価格2,920円

アーユルヴェーダ
本当の自分をとりもどす

ジュディス・H・モリスン 著

あなたは誰?この世にまったく同じ人がいますか?
あなたの健康と幸せのために、古代インドの癒しの体系を具体的に解説し、あなたにあったライフスタイルの指針をつくりあげる。

本体価格3,300円

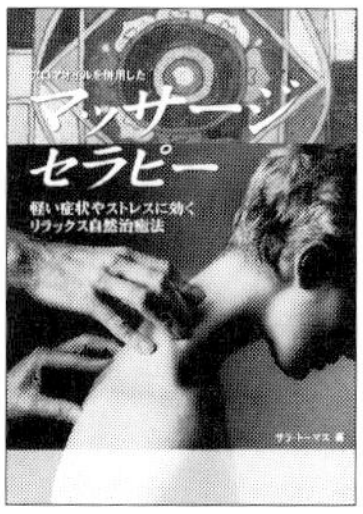

マッサージセラピー
軽い症状やストレスに効くリラックス自然治癒法

サラ・トーマス 著

触れることは、もっとも自然で愛情に溢れ、心地よい癒しの方法です。あなたの手に秘められたヒーリングパワーを使って、日常起こる様々な健康上のトラブルを軽減する方法を、簡潔な説明とわかりやすいイラストで紹介します。

本体価格1,980円

足と手のリフレクソロジー
足や手に癒しのエネルギーを加え、自然治癒力を引き出す

アン・ギランダース 著

手足の反射点を圧して身体を正常な状態にする安全な療法。さまざまな病気を治療する際に役立つ反射点を詳しく紹介。

本体価格2,820円

産調出版の本

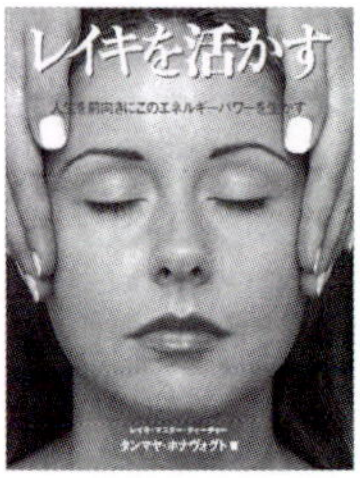

本体価格2,800円

レイキを活かす

人生を前向きに
このエネルギーパワーを生かす

タンマヤ・ホナヴォグト 著

霊気とは、人から人への癒しのエネルギーを送るシンプルな技術です。個人指導により回路が開かれると、肉体的、情緒的、精神的な浄化が起こります。レイキの基本をわかりやすく解説。

本体価格2,400円

スワミ・シヴァナンダの
瞑想をきわめる

即効性がありシンプルでわかりやすい

シヴァナンダ・ヨーガ・ヴェーダーンタ・センター 著
木村 慧心 日本語版監修

瞑想はすべてのヨーガに欠かせない要素であり、ますます混沌とする現代に生きる私たちの心に安らぎを与えてくれる。規則正しい瞑想の実践によって、心と体が一体となり霊性を得ることができる。

本体価格2,300円

あなたのオーラを活かす

友人・家族・恋人と自分の個性。
オーラカラーをうまく合わせられれば
人間関係が変わります。

サラ・バートレット 著

人は誰でもオーラを発している。オーラには色があり、五感の反応を高めることで、あなたやまわりの人のオーラが見えてくる。オーラカラーの特徴、分析するテクニック、相性診断など、オーラ情報がこの一冊に満載。

本体価格2,600円

感情を癒すレイキ

人生の不安や日常のトラブルからくる
不幸な感情を安らげる霊気

タンマヤ・ホナヴォグト 著

本書では感情的問題を癒す方法を主に取り上げ、レイキヒーリングで心身の健康増進、人間関係の改善に役立てる。紹介されているテクニックで、自分や家族、友人は勿論、お年寄、赤ちゃんやペットのサポートまで行なえる。

本体価格2,400円

光のヒーリングとセラピー

光を日常生活に取り入れる
実践的方法を紹介

ロジャー・コッグヒル 著

光は生命の根源です。光が伝達する情報は身体を癒すのに役立ちます。強力な効果を示す各種の光セラピーが、21世紀の治療の選択肢に加わろうとしています。

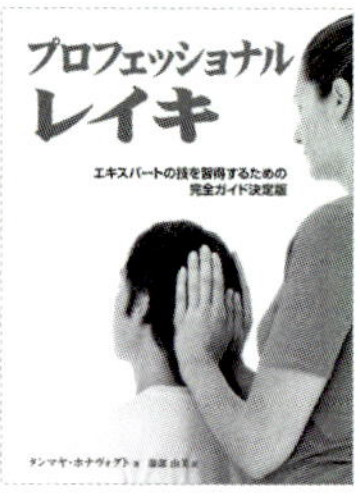

本体価格3,300円

プロフェッショナルレイキ

エキスパートの技を習得するための
完全ガイド決定版

タンマヤ・ホナヴォグト 著

レイキについての詳細な知識だけでなく、3つのディグリーにおける手法やハンド・ポジションについても段階的に説明。レイキの実践方法について、レイキによって心身を癒し、魂を成長させる方法について、知るべきことが全て書かれています。

INNER Reiki
レイキと瞑想

発　　行　2002年5月30日
第 3 刷　2009年2月1日
発 行 者　平野　陽三
発 行 元　ガイアブックス
〒169-0074 東京都新宿区北新宿3-14-8
TEL.03(3366)1411　FAX.03(3366)3503
http://www.gaiajapan.co.jp
発 売 元　産調出版株式会社

ISBN978-4-88282-298-1 C0077

Printed in China

著　者：タンマヤ・ホナヴォグト
(Tanmaya Honervogt)
臼井式レイキの直系の弟子から教えを受けたレイキ・マスター・ティーチャー。1983年から、レイキ療法と瞑想に取り組んできた。欧州、日本、米国で、伝統的な臼井式レイキの講習会を定期的に開いている。著書に『レイキを活かす』、『プロフェッショナルレイキ』、『感情を癒すレイキ』(いずれも産調出版)がある。

翻 訳 者：鈴木宏子(すずき ひろこ)
東北学院大学文学部英文学科卒業。訳書に『サイキックバイブル』『感情を癒すレイキ』『瞑想バイブル』『ハーブ活用百科事典』(いずれも産調出版)など多数。